Der Grosse Fehler Von Saul

Verfasst von KB Ransford

Vorwort von Bischof E.A.T. Sackey

Herausgegeben von K. Lee

Der Grosse Fehler von Saul

Alle Rechte vorbehalten. Kein Teil dieses Buches darf in irgendeiner Form oder mit irgendwelchen Mitteln, elektronisch oder mechanisch, einschließlich per Fotokopie, Aufzeichnung oder einem Informationsspeicher- und -Abrufsystem, ohne schriftliche Genehmigung des Herausgebers vervielfältigt oder übertragen werden, mit Ausnahme von kurzen Zitaten, die in Rezensionen verwendet und speziell für die Aufnahme in eine Zeitung, einen Blog, eine Zeitschrift oder eine akademische Arbeit geschrieben werden.

Erstausgabe herausgegeben von Texture Publishing (Pty) Ltd
ISBN: 978-1-77634-396-6
E-Book: 978-1-77634-397-3

Deutsche Übersetzung von Deana und Eberhard von Pogrell
Die zitierten Bibelverse wurden von der Lutherbibel 1984 übernommen.

Gedruckt in Südafrika.

Vorwort

Ein Wort von Bischof E.A.T. Sackey

Die Bibel ermahnt uns, die Gnade Gottes nicht zu vereiteln. Paulus schrieb und fragte, ob die uns geschenkte Gnade vergeblich sein sollte. Die Geschichte von Saul ist eine der pathetischsten in der Bibel. Saul macht sich auf den Weg, um nach den verschwundenen Eseln seines Vaters zu suchen, doch Gott hatte einen höheren Plan für ihn. Am Ende einer zweitägigen erfolglosen Suche sehen wir, wie der Prophet Samuel ihn zum ersten König von Israel salbt. Was für ein Schock!

Und ehrlich gesagt fühlte er sich nicht qualifiziert, weil er wusste, dass sein Stamm der kleinste in Israel ist und seine Familie die kleinste im Stamm. Aber irgendwie hatte Gott das alles übersehen und ihn auserwählt. Was ist also falsch gelaufen? Das ist die große Frage! Was ist es, das das Potenzial hat, Gottes unverdiente Gunst, die er uns schenkt, durcheinander zu bringen? In der Tat sollte der Segen an die gesamte Generation Sauls weitergebeben werden.

In diesem Buch führt uns Bischof Ransford akribisch durch die Prozesse, die Saul vom Ort der Gnade in die Schande und Demütigung abrutschen ließen. Es ist sowohl traurig als auch erschreckend. Der ultimative Grund für seinen Erfolg ist die Gegenwart Gottes und deshalb war der ultimative

Grund für seinen Untergang, als er die Gegenwart Gottes verlor. Lieber Leser, nehme Dir die Zeit und lies Sie die Seiten dieses Buches aufmerksam durch.

Du wirst entdecken, dass es nicht die so genannten „großen Sünden" waren, die ihn zum Fall brachten, sondern Sünden wie Stolz, Ungehorsam, Angst und viele einfachere. Lege das Buch nicht aus der Hand. Studiere es und lass Dich sich davon - belehren, leiten und segnen.

Bischof, danke, dass Du uns herausforderst, seine Gegenwart nicht „zu übersehen".

BISCHOF E.A.T. SACKEY
SENIOR ASSOCIATE,
LIGHTHOUSE CHAPEL INTERNATIONAL

INHALTSVERZEICHNIS

VORWORT VON BISCHOF E.A.T SACKEY...... 5

EINFÜHRUNG.. 11

DIE GÖTTLICHE SUCHE........................... 27

SALBUNG ZUM KÖNIGTUM...................... 46

PROPHETISCHE SALBUNG........................ 63

NACHWEIS VON KOMPROMISSEN............ 76

SÜNDE ANERKANNT................................. 91

GEIST DER FLEISCHLICHKEIT.................. 99

GOTTES ANWESENHEIT GEHT WEG......... 106

SCHLUSSFOLGERUNG.............................. 117

ÜBER DEN AUTOR.................................... 122

Einführung

Eine Einführung in den großen Irrtum vom Saul

Im Laufe der Jahre sollte die Stabilität, die Entschlossenheit unserer Errettung in Christus und unsere Absicht, das Evangelium mit den Nationen zu teilen, auf einem Allzeithoch sein. Christen glauben, dass wir in den letzten Tagen leben. In der Tat leben wir seit dem Tod und der Auferstehung Christi schon in den letzten Tagen. Heute gibt es ein zwingendes Mandat, das sich auf die spezielle Gabe und Berufung bezieht, die Gott in unser Leben gelegt hat.

Jedes einzelne Kind Gottes hat eine Gabe und eine Berufung in seinem Leben, dem es folgen sollte. Warum? Weil wir alle dafür verantwortlich sind, in unserer Gabe zur Verherrlichung Christi zu wirken, den Heiligen zu nützen und den Verlorenen zu dienen oder die Menschheit zu erreichen.

Wo in der Bibel steht, dass wir für die Gaben, die wir einsetzen oder in den Sand setzen, zur Rechenschaft gezogen werden? In Matthäus 25 wird in der Bibel über die Talente oder Schekel berichtet. Es waren drei Personen; jede Person erhielt eine Gabe vom HERRN. Jede Person hatte das gleiche Maß an Verantwortung, obwohl der Wert, die Menge oder die Talente unterschiedlich waren. Der hatte die gleichen Erwartungen an die drei, Ihm eine Ernte zu bringen, heute besser bekannt als Rendite.

Darüber hinaus können wir verstehen, dass Gleichheit bei Gott nicht bedeutet, jedem Menschen die gleichen Gaben und Talente zu verleihen, sondern die gleiche Erwartung haben. Unabhängig davon, wer Du bist und welche Kräfte und Einschränkungen Du hast, weiß der HERR, was Du bewältigen kannst und was nicht. Er wird uns nicht mehr aufbürden, als wir tragen können. (1. Korinther 10:13)

So erhielt eine Person ein Talent, der andere zwei Talente und der dritte fünf Talente; und doch hatte er laut Gott die gleiche Erwartung für alle drei. Der HERR gibt uns Gaben, nicht damit wir unsere Talente bewundern können, sagen, wie wunderbar sie sind oder aussehen, nicht einmal, wie sie Dich konkret segnen können; sondern wie sie den segnen können, Der sie Dir gegeben hat. Die Talente könnten physische Dinge sein, die Du tun kannst, wie z.B. singen, schreiben, ein Instrument spielen, verwalten, predigen, lehren, sprechen und so weiter. Diese Gaben können ohne die Gegenwart Gottes dazu gemacht werden, uns selbst zu erbauen, oder wir können einen Dienst schaffen, der mit dem Geist der Ungerechtigkeit durchsetzt ist.

Ungerechtigkeit, dem HERRN unter falschem Vorwand zu dienen; zu behaupten, man diene dem HERRN und suche seinen Willen, doch man sucht seine eigenen Ziele und jagt seinen Träumen hinterher. Beachte eine Bibelstelle und ein Szenario, das viele Menschen gerne zitieren, nämlich Jesaja 6:8.

„Und ich hörte die Stimme des Herrn, wie er sprach: Wen soll ich senden? Wer will unser Bote sein? Ich aber sprach: Hier bin ich, sende mich!"

Wir müssen vorsichtig sein und dürfen nicht vergessen, dass eine Verpflichtung, die wir gegenüber dem HERRN eingehen, verbindlich ist. Wenn Du sagst, dass Du bereit bist, sei nicht überrascht, wenn Du gesandt wirst. Wenn Du gesandt wirst, sei sicher, dass Du die anstehende Aufgabe zu Ende bringst, denn Dein Mangel an

Gehorsam wirkt sich auf andere aus und oft wissen wir nicht, um wie viel. Der HERR sucht nach den Treuen, kannst Du – willst Du gezählt werden?

Um für den Dienst des allmächtigen GottesVerfügung zu stehen, sucht der HERR außerdem einen willigen Leib, -Dich- der nicht nur ein Lippenbekenntnis ablegt, sondern aufrichtig ist und dem HERRN mit seinem ganzen Wesen vertraut. Du musst darauf vertrauen, dass die Pläne, die Er für Dich hat, größer sind und Vorrang vor Deinen eigenen haben. Du musst bereit sein, den Anweisungen des HERRN zu folgen und seinen Kurs beizubehalten, egal welche Turbulenzen Du - auf dem Weg erlebst. Wenn Du treu dem Plan des HERRN für Dein Leben folgst, dann wirst Du Dich von Herrlichkeit zu Herrlichkeit bewegen. Die Bewegung von Herrlichkeit zu Herrlichkeit kann nur erreicht werden, wenn wir im Willen Gottes sind.

Der HERR hat mir gezeigt, dass wir in einer Gabe des HERRN wirken können, aber seine Gegenwart von uns getrennt sein kann. Wir lernen das durch den Lebensbericht von König Saul. Er wirkte als König, obwohl die Gegenwart des HERRN von ihm abgewichen war und auf David, dem neuen König, ruhte. Die Möglichkeit, im Leben ohne die Gegenwart des HERRN zu agieren, mag für einen Gläubigen seltsam erscheinen; aber der Herr begann mir zu zeigen - und ich empfand es als Last, dies mit Seinem Volk zu teilen-, wie dies so werden kann.

Wie können wir es vermeiden, die großen Fehler von Saul zu machen? Zuerst müssen wir uns niemals von der Gegenwart Gottes entfernen. Diese enge Verbindung mag rätselhaft erscheinen, aber durch die Lektüre dieses Buches möchte ich mitteilen, wie auch Du die Gegenwart des HERRN in Deinem Leben aufrechterhalten kannst!

Wenn wir uns zum ersten Mal bekehren oder unser Leben Christus übergeben, gibt es ein Gefühl, ein emotionales Hoch, das unerklärlich ist und unser Leben übernimmt. Wir glauben fest und sind völlig überzeugt, dass alles im Wort wahr ist. Nichts kann uns überwältigen oder dazu bringen, diese neu gefundene Beziehung verlassen. Es ist leicht, die göttliche Gegenwart Gottes zu genießen, aber dann passiert etwas.

Es ist nichts Großes, sondern scheinbar ein kleines Problem, das auftaucht und unseren Glauben herausfordert. Wir werden getestet, um darüber nachzudenken, ob es falsch ist, bei einem Test oder bei den Steuern zu schummeln oder Menschen zu betrügen. Wenn wir nicht sorgfältig auf unsere Überzeugungen achten, können wir das Wort manipulieren, indem wir die Wahrheit so biegen, dass sie zu unserer Agenda passt, und so durch ein scheinbar kleiner Kompromiss einen Welleneffekt in unserem Leben verursachen können.

Dieser Welleneffekt kann dazu führen, dass die Gegenwart des HERRN aus Deinem Leben verschwindet, während Du vielleicht Dir dessen nicht bewusst bist. Es ist gefährlich zu denken, dass weil der Herr Dich nicht für Deine Übertretung zu beurteilen scheint, er damit einverstanden ist. Lass Dich nicht täuschen. Wir sind alle mit Gaben gesegnet, würdest Du dem nicht zustimmen?

Natürliche Talente sind Gaben, die uns verliehen werden und uns befähigen, unsere Bestimmung zu erfüllen. So wie wir alle begabt sind, einen Beruf oder eine Art der Beschäftigung haben, sind wir auch mit geistigen Gaben begabt. Im 1. Korinther 12:4-11 heißt es zusammengefasst:

„Das Wort der Weisheit, das Wort der Erkenntnis, Glaube, Heilung, Wunderkräfte, Prophetie,

Unterscheidung der Geister, Zungenrede und Auslegung der Zungen."

Dies sind die geistlichen Gaben, die der HERR. Der Allmächtige der Glaubensgemeinschaft zur Erbauung der Heiligen gibt. Es gibt einen Unterschied zwischen dem Beten in Deiner Gebetssprache und dem Sprechen in Zungen. Gott teilt mit allen Gläubigen eine Gebetssprache, die als göttliche Sprache für die Kommunikation zwischen Gott und Mensch funktioniert. Das Reden in Zungen erfordert einen Dolmetscher, und wenn es keinen Dolmetscher gibt, sollte das Reden in Zungen nicht vor einem Publikum geschehen, weil die Masse es nicht verstehen kann. (1. Korinther 14:28)

Wie kannst Du wissen oder erkennen, wann die Gegenwart Gottes aus Deinem Leben gewichen ist, wenn Du immer noch in der Lage bist, in anderen Zungen zu sprechen? Woher sollst Du wissen, wenn die Kraft, die mit dem Zungenreden verbunden ist, nicht mehr da ist? Lassen Dich nicht täuschen, Du kannst in Zungen reden, gottesfürchtige Handlungen tun, und die Gegenwart - die Kraft Gottes - kann abwesend sein. Wir können die Form der Gottseligkeit haben und die Kraft Gottes kann fern von uns sein (2. Timotheus 3:5).

Ich glaube fest daran, dass Gott durch die Überzeugung des Heiligen Geistes Deine Augen öffnen wird, um die Fehler von Saul zu sehen. Sowie, dass wir aus seinen Fehlern lernen können, um unsere Beziehung zu Gott und unser Leben insgesamt zu verbessern. Dieses Buch zeigt eine göttliche, durch die Schrift gestützte Offenbarung dafür, wie und warum die Gegenwart Gottes von Saul abwich. Und ja, wie dasselbe mit jedem von uns geschehen kann, wenn wir nicht auf das Wort Gottes achten. Dieses Buch wird Dir Anzeichen und Beweise aufzeigen, wenn die Gegenwart Gottes

Dein Leben verlassen hat.

Wenn Du anfängst, in Deinem Leben auf diese Zeichen zu stoßen - oder diese Dinge zu spüren-, höre auf den göttlichen Alarm, dass die Gegenwart Gottes in Deinem Leben fehlt. Die gute Nachricht: Auch wenn die Gegenwart verschwunden ist, gibt es Hoffnung auf Wiederherstellung. In diesem Buch spreche ich darüber, wie der HERR uns erlauben kann, dorthin zurückzukehren, wo wir gefallen sind.

Nun, ein Vorläufer zum Thema dieses Buches; Saul war eine Figur in der Bibel, die kein Sonderfall war und ebenso Fehler machte wie andere. Seine Fehler sind Fehler, die jeder von uns machen kann und vielleicht auch bereits gemacht hat. Fehler, Entscheidungen, Wege, die wir gehen, können dazu führen, dass die Gegenwart Gottes aus unserem Leben verschwindet.

Du fragst vielleicht, was ist die Gegenwart Gottes? Ich glaube, die Gegenwart kann am besten als der göttliche Geist Gottes erklärt werden, der aus dem Thronsaal Gottes strömt, begleitet von Gaben und einer Berufung für Dein Leben, das dir hilft, einen göttlichen Auftrag auszuführen, der Deinem Leben verliehen wurde, um seinen Zweck zu erfüllen; ob das nun eine Salbung zum Königtum, zum Propheten, zum Lehren, zum Predigen, zum Dienen usw. ist.

Alle Gläubigen haben Zugang zum Thronsaal der Gnade. Wenn Du wiedergeboren wirst, werden Deine Gaben im geistlichen Bereich belebt und erhöht, damit Du Gottes Ziel für Dein Leben erreichen kannst. Gott wählt aus, wen er für seine Zwecke einsetzt.

Deine Herkunft, Dein sozialer oder wirtschaftlicher Status hat keinen Einfluss auf das, wozu Gott Dich aufruft.

Beachte, Saulus war ein Mann von bescheidenen Mitteln. In der Tat, er lebte nicht besser als viele von uns und war von einfachem Gemüt. Er hatte nicht den Wunsch, König zu werden, und das änderte nichts an Gottes Plan für sein Leben. Die Bibel sagt in 1. Samuel 9:21

„Bin ich nicht ein Benjaminiter und aus einem der kleinsten Stämme Israels, und ist nicht mein Geschlecht das geringste unter allen Geschlechtern des Stammes Benjamin? Warum sagst du mir solches?"

Diese Demut findet man häufig bei neuen Gläubigen, wenn sie in den Leib Christi aufgenommen werden. Wie bei Saul hat uns der Herr durch einen Mann oder eine Frau Gottes an seinen Tisch geführt ähnlich, wie Samuel Saul willkommen hieß. 1. Samuel 9:23,24 beschreibt die Begrüßung wie folgt,

„Und Samuel sprach zu dem Koch: Gib das Stück her, das ich dir gab und dabei befahl, du solltest es bei dir zurückbehalten. Da trug der Koch eine Keule auf und den Fettschwanz. Und er legte sie Saul vor und sprach: Siehe, hier ist das Übriggebliebene, lege es vor dich hin und iss; denn als ich das Volk einlud, ist es für dich aufbewahrt worden für diese Stunde."

Was auch immer der HERR für Dich bestimmt und vorgesehen hat, um es in Deinem Leben zu tun, kein Mensch oder dämonische Kraft in der Hölle kann es Dir wegnehmen. Niemand kann dem HERRN etwas wegnehmen oder seine Pläne für Dich zunichtemachen. Bei Saul war es genauso. Sein Problem war nicht, was der Mensch ihm nehmen konnte, sondern was er aufgeben würde. Sauls Leben war geschützt, solange er in der Berufung und den Anordnungen des HERRN wandelte. Sein Leben nahm eine schreckliche Wendung, als die Gegenwart Gottes aus seinem Leben und Königtum verschwand.

Ich glaube, es gibt eine Menge, was ein Gläubiger aus dem Bericht von Saul lernen kann. Das erste ist, wie wir alle unsere erste Liebe, den HERRN, entdecken. Das zweite ist, wie wir alle dem Feind zum Opfer fallen und unsere göttlichen Rechte als Kind Gottes verlieren können, als Folge der abwesenden Gegenwart Gottes in unserem Leben. Begleite mich auf dieser Reise durch „Der Große Fehler von Saul" und lerne, die Zeichen und Beweise dafür zu erkennen, wie Gottes Gegenwart aus seinem Leben gewichen ist. Seine Geschichte kann uns allen helfen, die Gegenwart des HERRN in unserem Leben, unserem Dienst und unserer Berufung zu bewahren.

DIE GÖTTLICHE SUCHE

Die göttliche Suche nach dem König

1 Samuel 9:3

„Es hatte aber Kisch, der Vater Sauls, die Eselinnen verloren. Und er sprach zu seinem Sohn Saul: Nimm einen der Knechte mit dir, mach dich auf, geh hin und suche die Eselinnen."

Sauls Verabredung mit dem Schicksal begann zunächst mit Gehorsam. „Du sollst deinen Vater und deine Mutter ehren" war die Anweisung Gottes an den Menschen, die von Mose an sein Volk weitergegeben wurde. (2. Mose 20:12) Was wir vielleicht nicht erkennen, ist, dass das Befolgen von

Gottes Geboten Belohnungen bringt. Um von Gott gebraucht zu werden, müssen wir verstehen, dass Gehorsam größer ist als Opfer. (1. Samuel 15:22) Wenn der HERR seine Befehle gibt, liegt es nicht an uns, vor dem Gehorsam zu überlegen, ob wir einverstanden sind. Der HERR irrt nicht, und es ist wahr, dass seine Wege nicht die unseren sind, weil sie größer sind. (Jesaja 55:8)

Ist Dir bewusst, dass unsere Eltern uns als Kind Manieren beibringen? Uns helfen, Grenzen zu setzen und uns selbst in den einfachsten Dingen zu schulen, z. B. was gut und nicht gut zu essen ist? Manchmal lernen wir die Bedeutung solcher Schulungen zum Zeitpunkt des Unterrichts; und manchmal erkennen wir die Lektion erst viel später im Leben. Als Jugendlicher kann man so ziemlich alles essen, ohne ein Gramm zuzunehmen. Wenn man jedoch älter wird, kann eine ungesunde Essgewohnheit zu einer Fülle von Krankheiten führen, die am Anfang nicht leicht zu erkennen sind.

Genauso lernen wir in der Schule Lesen, Mathematik, Naturwissenschaften, Logik und andere Fächer, von denen wir zu diesem Zeitpunkt behaupten, dass wir sie nicht brauchen. Aber wenn wir zu Ingenieuren, Lehrern und Ausbildern heranwachsen, lernen wir, dass diese Fächer alle einen Wert an sich haben. Jedes gelernte Gebot stapelt sich, Gebot auf Gebot, Stück für Stück. (Jesaja 28:10) Man sollte einen Elefanten auf die gleiche Weise essen, wie man sich dem Leben nähern sollte, einen Bissen nach dem anderen.

Saul bestand den ersten Schritt und wurde als treu gegenüber seinem Vater befunden. Zweitens wurde er treu befunden über das Wenige, dass er hatte. Saul war aus dem Stamm Benjamin und von allen Stämmen, die geboren wurden, war er kleinste, der jüngste und der demütigste. (1. Samuel 9:20) Im

Leben müssen wir demütig bleiben und unsere Lektionen mit Geduld nehmen. Die Bitte, die Sauls Vater an ihn richtete, nämlich hinauszugehen und Esel aufzuspüren, scheint vielleicht nicht die Mission des Jahrhunderts zu sein.

In der Tat hätte die Mission erfolgreich sein oder scheitern können. Sich auf die Suche nach den verschwundenen Eseln zu begeben, war ein Test für Sauls Demut und eine Demonstration seines Charakters.

Von allen Tieren, die wieder eingefangen werden sollten, ließ Sauls Vater, Saul nach den Eseln suchen.

Was stellen die Esel dar? Was war ihre Funktion, ihr Zweck oder ihre Bedeutung für Saul und seine Familie? Esel sind Geschöpfe, die in der Bibel mehrmals erwähnt werden. Das Tier ist in der Lage, sehr starke Lasten zu tragen und gilt als zuverlässiger Helfer des Menschen.

Das gleiche Tier ist auch ein Symbol für Frieden, Industrie und Reichtum. Esel sind das Tier, das von Gott auserwählt wurde, um Demut und Vertrauen zu demonstrieren und epische Momente im Leben der Menschen zu markieren. Abraham in 1. Mose 22,3 einen Esel benutzte wurde das Konzept der Demut und des Vertrauens hervorgehoben.

„Abraham stand früh am Morgen auf, um seinen Esel zu satteln",- eine kleine Handlung, aber eine des Gehorsams gegenüber dem HERRN, um Isaak Gott darzubringen."

Es sollte angemerkt werden, dass Abraham nicht ein Pferd belud, um hinzugehen und seinen Sohn zu opfern, noch packte er einen Sack, den er auf seinen eigenen Schultern trug; sondern er sattelte einen Esel. Ein Esel repräsentiert eine starke Last, einen Helfer, und später in diesem Bericht finden wir, dass der Herr das Opfer gab und das Leben von Isaak verschonte. Wir lernen, dass Abraham, dem Befehl des HERRN gehorsam war, und obwohl sein Herz für die gestellte Aufgabe schwer gewesen sein mag, wankte er nicht.

Er vertraute dem HERRN und gehorchte seiner Bitte und fand so, dass der Herr treu war. Er besorgte das Opfer und so viel mehr. In 4 Mose 22:23-35 fiel der Geist Gottes auf das zweite Tier das jemals zu einem Menschen sprach, den Esel. Er befähigte den Esel zu sprechen. Der Esel öffnete sein Maul nicht, um den Menschen zu verfluchen, zu beleidigen oder gegen den Menschen zu kämpfen. Dieses Tier ist kein Kriegstier, sondern ein Helfer.

Der Esel sah den Engel des HERRN mit gezogenem Schwert auf dem Weg stehen und wollte Bileam helfen, indem er ihm den Übergang verwehrte. Bileam, der nichts von dem Wunsch des Tieres wusste, ihm zu helfen, schlug das Tier dreimal, weil es seinem Wunsch, vorwärts zu gehen, nicht gehorchte. Nach dem dritten Schlag auf dieses Tier, gab der HERR dem Tier die Fähigkeit zu sprechen.

Die Eselin sprach zu Bileam: „Bin ich nicht deine Eselin, auf der du geritten bist von jeher bis auf diesen Tag? War es je meine Art, es so mit dir zu treiben?" Er sprach: „Nein."

Der Esel stellte Bileam eine Frage, die die Treue des Tieres zu ihm hervorhob, seinen Wunsch zu helfen und den Mann nie im Stich zu lassen. Das Tier war dem Mann treu und loyal mit seinem Leben; und doch ging das Tier diesmal nicht in eine Richtung, um Bileam ein Helfer zu bleiben. Als

Bileams Augen geöffnet wurden und er den Engel mit dem Schwert sah, da wusste er, dass er gesündigt hatte. Der Esel war kein Stolperstein für den Mann, sondern ein Helfer. Hätte der Esel nicht gesprochen, wäre der Esel weiter gelaufen, hätte der Engel Bileam erschlagen, weil er auf einem leichtsinnigen Weg war. (4 Mose 22:32-33)

Ein anderer Bericht und vielleicht einer der tiefgründigsten war, dass der Herr Jesus Christus auch auf einem Esel ritt. Warum nicht auf einem Pferd? Ein Pferd symbolisiert Krieg, Rache, während ein Esel den Frieden symbolisiert, einen Helfer, und einen, der eine starke und schwere Last für andere trägt. Jesus ritt auf einem Esel durch die Menge, weil Er gesandt wurde, um uns zu helfen.

Er wurde gesandt, um den Frieden und die Gemeinschaftzwischen Mensch und Gott wieder herzustellen. Jesus trug eine Last, die kein anderer tragen konnte, damit der Mensch wieder mit dem Vater, dem Schöpfer von allem, verbunden werden konnte. Jesus wird bei seinem zweiten Kommen auf einem Pferd reitend kommen. Dieses Pferd repräsentiert nicht Frieden, Hilfe, sondern Krieg, Gericht, Rache und Vergeltung.

Was haben wir noch über den Charakter von Saul gelernt? Wir haben gelernt, dass er sich einer Aufgabe widmete, die Geduld erforderte. Geduld ist eine Tugend, und wenn Du jemals um Geduld gebetet hast, wirst Du feststellen, dass der HERR Dir eine Prüfung stellt, die Geduld bewirkt. Geduld kommt, wenn Du Dich in einem Zustand befindest, oder in einem Zustand, in dem das Arbeiten aus eigener Kraft nichts ändert. Geduld wird gelernt, wenn wir erkennen, dass unsere Kraft nicht in der Lage ist, jeden Berg zu versetzen, sondern die Kraft des HERRN und in seinem Timing durch Menschen oder andere Mittel wirkt.

Wir lernen Geduld und bekommen sie nicht geschenkt. Eine Beziehung, die das Fundament der Geduld schafft, ist die Beziehung zwischen Eltern und Kind. Man kennt und versteht Geduld erst, wenn man Kinder erzieht oder babysittet. Kinder müssen Anweisungen mehrere Male hören, bevor sie gehorchen.

Kinder können halsstarrig und schwer zu bändigen sein, vielleicht ähnlich wie eine Ziege. Eine Babyziege war früher als Zicklein bekannt und das ist eine weitere Anpassung, die wir vorgenommen haben, um Kinder anzusprechen. Vielleicht liegt der Grund für diese Verbindung darin, dass Kinder extrem stur sein können. Versuchen Sie, einem ein- oder zweijährigen Kind zu sagen, was es tun oder nicht tun darf, und Sie werden feststellen, dass es Einstellungen hat, erprobt Wutanfälle und sogar kämpft mit Ihnen!

Wir müssen jedoch korrigierende Wege finden, um sie anzugehen, und weiterhin die richtige Lebensweise lehren. Die Kinder lernen durch Wiederholung und korrigierende Verhaltensweisen und wir lernen Geduld. Die Art, wie wir lernen, mit Kindern geduldig zu sein, ist ein Beispiel dafür, wie der HERR auch mit uns geduldig ist. Gott ist der Vater Seines Volkes, Seiner Kinder.

Hast Du bemerkt, dass Demut immer Geduld hervorbringt und Geduld den Charakter aufbaut? Der HERR sagt, wir sollen wie Kinder sein, (Matthäus 18:3) damit wir in das Reich Gottes eingehen können. Das bedeutet, dass wir belehrbar sein müssen; bereit, zuzuhören und Vater Gott gegenüber gehorsam zu sein. Der Grund, warum wir von Gott befohlen werden, unserer Mutter und unserem Vater als Kinder zu gehorchen ist, dass wir dasselbe Gebot, wenn wir älter werden, auch auf Gott anwenden sollen.

Wenn ihr niemals lernt, eure Mutter und euren Vater zu fürchten, wie könnt ihr dann wissen, wie man Gott fürchtet oder verehrt? Wie können wir also wissen, dass wir Beamte, Lehrer und Älteste verehren sollen? Wenn uns nicht zuerst beigebracht wird, unsere Mutter und unseren Vater zu gehorchen, können wir nicht dazu erzogen werden, irgendjemandem zu gehorchen und zu respektieren. Widerspenstige Kinder gehen und rennen einen rücksichtslosen Weg hinunter, ähnlich wie Bileam, und diejenigen, die diesen Weg wählen, finden vielleicht einen Engel, der ein Schwert vor ihnen schwingt, und nicht den Teufel.

Danke dem HERRN für die Stimmen, die wie der Esel, in unserem Leben sind, die uns warnen, die Richtung zu ändern und keine Straßen zu überqueren, die zum Tod führen könnten. Es gibt viele Jugendliche, die sterben und wie die Fliegen umfallen, weil sie ein rücksichtsloses Leben führen und nicht auf die Anweisungen des Lehrers hören.

Der ultimative Lehrer ist der HERR und wir müssen Ihn ernst nehmen - Ihn respektieren, weil Er mächtig und Heilig ist. Wir sollten nicht leichtsinnig leben, weil wir nie wissen, wann die Gnade zu Ende geht. Du willst nicht aufblicken und feststellen, dass die Gegenwart Gottes Dein Leben verlassen hat und Du allein unterwegs bist. Denk daran, egal wohin Du von hier aus gehen magst, bleibe demütig und höre auf Gott, denn Kinder wachsen nie über ihren Lehrer hinaus. (Lukas 6:40)

Lukas 6:40 heißt es: „Der Jünger steht nicht über dem Meister; wenn er vollkommen ist, so ist er wie sein Meister." Als Gläubige sollen wir wie unser Vater aussehen. Wir sollen wie Jesus aussehen, ohne zu versuchen, seine Gegenwart oder Herrschaft in unserem Leben zu ersetzen. Saul hörte später auf, sich wie ein Kind zu verhalten und hat versucht,

Gott gleich zu sein. Er vergaß diese Lektion und das kostete ihn. Wenn wir vergessen, den HERRN als heilig und weiser als uns selbst zu verehren, tappen wir in die Falle des Kompromisses.

Als Saul die Befehle unseres himmlischen Vaters nicht befolgte, wie er von seinem irdischen Vater gelernt hatte, verlor er die Gegenwart Gottes. Saul fragte seinen Vater nicht, ob es weise sei, auf die Suche nach den Eseln zu gehen; er tat es einfach, weil ihm das befohlen wurde. Doch als der HERR ihm sagte, er solle keinen Menschen mitnehmen oder am Leben lassen, entschied er sich, Gott nicht zu gehorchen, weil er dachte, er wisse es besser.

Manchmal sind wir im Leben versucht, einem Befehl Gottes nicht zu gehorchen, und es gibt Konsequenzen für Ungehorsam. Eine Erzählung, die zeigt, wie wichtig Gehorsam ist, ist die Geschichte eines Propheten. Dieser Prophet war ein mächtiger Mann Gottes. Er glaubte an die Macht und Fähigkeit des HERRN, den Hebräern das verheißene Land zu geben. Er hatte eine persönliche Beziehung zu Gott, in der der Herrgott ihm Anweisungen gab und von ihm erwartete, dass er sie befolgte. (1. Könige 13:1-10)

Dieser Prophet erhielt von Gott den Auftrag, einem König eine Botschaft zu überbringen. Der HERR sagte ihm, er solle diese Botschaft überbringen und nichts vom König annehmen und nicht im Land übernachten. Er sollte gehen und schnell nach Hause zurückkehren und nicht von diesem Plan abweichen.

Dieser Prophet tat was von ihm verlangt wurde. Er ging zum König, überbrachte ihm eine Botschaft, betete mit ihm, dass seine Hand wiederhergestellt würde, was auch geschah, und der König bot ihm Geschenke, Essen und Unterkunft an; was er alles ablehnte. Dann machte er sich auf, um nach seiner Reise nach Hause zu gehen, wie der HERR es befohlen hatte.

Auf dem Heimweg kam ein alter Prophet zu ihm und sagte ihm, er habe eine Botschaft von Gott für ihn. Er erzählte dem Propheten, dass der HERR ihm gesagt habe, er solle mit ihm in seinem Haus essen und trinken. Der Prophet beschloss, zurückzukehren und im verbotenen Land zu essen und zu trinken.

Er war Ungehorsam gegenüber dem Befehl des HERRN. Als der Prophet nach dem, was er für eine gute Zeit hielt, die dem HERRN gefiel, nach Hause ging, stellte er fest, dass sein Ungehorsam ihm das Leben kosten würde. Die Gegenwart Gottes hatte ihn bedeckt als er in seinem Willen handelte. Einen König zu verleugnen, war eine schwere Beleidigung, aber die Gegenwart des HERRN bewahrte ihn und seine Ablehnung des Angebots des Königs war nachdrücklich und nicht weich.

Als er dem Befehl des HERRN nicht gehorchte und zurückging, um zu essen und zu trinken, wurde die Gegenwart, die Bedeckung, der Schutz des HERRN von seinem Knecht entfernt. Als er sich wieder auf den Heimweg machte wurde er von einem Löwen getötet. Der Löwe tötete ihn und doch wurde der Prophet nicht von ihm verschlungen, heißt es in der Bibel. (1. Könige 13:26) Der Löwe labte sich nicht an ihm, weil er nicht hungrig war; er war von Gott beauftragt, die Reise und das Leben Seines Knechtes wegen Ungehorsams zu beenden.

Was fand der alte Prophet noch neben dem Leichnam des toten Propheten? Der alte Prophet befahl seinen Söhnen, seinen Esel zu satteln, als er sich auf den Weg zur Leiche machte. Als der Prophet bei der Leiche ankam, standen ein Löwe und ein Esel in der Nähe. Der Löwe tötete weder den Esel, der auf das tote Fleisch des Propheten blickte, noch fraß er die Überreste von ihm. Es war auf dem Rücken des Esels, auf dem der alte Prophet die Leiche in die Stadt brachte, um ihn ordnungsgemäß zu bestatten.

Wir müssen alle lernen, uns an unsere bescheidenden Anfänge zu erinnern. Vergiss nie, in der Gegenwart Gottes wie ein Kind zu bleiben und jedes Wort aus seinem Mund ernst zu nehmen. Dein Gehorsam oder das Fehlen desselben könnte Dich Dein Leben kosten. Auch wenn Saul nach seinem Ungehorsam nicht sofort starb wie der Prophet, war seine Beziehung zu Gott tot und Saul war wie ein wandelnder Toter. Er hatte keine Kraft und diejenigen, die ihm nahe standen, wussten, dass die Salbung ihn verlassen hatte. Die ganze Wut wuchs in ihm gegen den zukünftigen König David, weil er eine ständige Erinnerung an seinen Fall aus der Gnade war.

Du kannst in Deiner Gabe wirken, aber auch innerlich tot sein, ohne die Kraft, die Salbung und die Gegenwart Gottes. Wie konnte sich also ein Mann, der auf dem richtigen Weg war, so weit von Gott entfernen? Was ist falsch gelaufen, fragst Du Dich? Gehen wir zu 1. Samuel 9:15-17, um zu sehen, welches Licht auf diese Frage geworfen wird.

Salbung zum Königtum

Der Grund für den König

1. Samuel 9:15 – 17

15. Aber der HERR hatte Samuel das Ohr aufgetan einen Tag, bevor Saul kam, und gesagt:

16. Morgen um diese Zeit will ich einen Mann zu dir senden aus dem Lande Benjamin, den sollst du zum Fürsten salben über mein Volk Israel, dass er mein Volk errette aus der Philister Hand. Denn ich habe das Elend meines Volks gesehen, und sein Schreien ist vor mich gekommen.

17. Als nun Samuel Saul sah, tat ihm der HERR kund: Siehe, das ist der Mann, von dem ich dir gesagt habe, dass er über mein Volk herrschen soll.

Im Leben ist es sehr verlockend, zu versuchen, den Prozess Gottes für unser Leben zu beschleunigen in einer Gesellschaft, in der die Mikrowelle dem Backofen vorgezogen wird und eine gleichwertige, wenn nicht sogar größere Notwendigkeit darstellt als ein Herd. Geduld ist nicht nur eine Tugend für uns, sondern eine Herausforderung in unserer Mikrowellengesellschaft. Egal, was wir tun, wir können den Prozess nicht ändern, der festgelegt wurde, bevor die Welt begann.

Gott hat die Zeit in Bewegung gesetzt -- für Ihn ist die Zeit kein Faktor und keine Methode, um Ihn im Zeitplan zu halten, denn Er wirkt nach Belieben und nach seinem Willen. Zeit ist für uns nützlicher: Da wir nicht allgegenwärtig oder allwissend sind brauchen wir einen Weg, um zu verfolgen und Schritt zu halten. Die Zeit hilft uns, das zu tun.

Kannst Du Dir vorstellen, eine Besprechung anzusetzen oder Pläne machen, ohne eine Möglichkeit zu haben, die Zeit zu verfolgen? Die Antwort sollte "Nein" lauten, denn die Chancen, dass die Besprechung stattfindet, sind gering, wenn beide Seiten nicht auf derselben Seite stehen, zur selben Zeit arbeiten oder dasselbe Verständnis haben.

Unser oberstes Ziel sollte sein, dass unsere Zeit mit Gottes Timing übereinstimmt, also mit Seinem Willen, Seinen Plänen und Seiner Vision für unser Leben. Das mag am Anfang nicht gut klingen, weil wir alle irgendwann denken, dass wir genug wissen, um zu bestimmen in welche Richtung und in welchem Tempo wir im Leben marschieren wollen; nur um dann festzustellen, dass wir uns geirrt haben und Gott die ganze Zeit die richtige Antwort hatte. Nun, da wir dies verstanden haben und uns einig sind, dass dies wahr ist, können wir zum nächsten Schritt übergehen.

Der nächste Schritt verlangt von uns, dass wir mit Gott in Einklang kommen. Wir müssen den Wert in Gottes Weg sehen und seinen Weg über unseren eigenen wählen. Wir sollen das Reich Gottes suchen und alles wird uns hinzugefügt werden, nicht indem wir unsere Wünsche und unser Timing suchen und erwarten, dass Gott uns einholt. (Matthäus 6:33)

Nun, Gottes Zeitplan fragt nicht nach unserer Meinung oder Zustimmung. Gott spricht und was Er sagt, ist endgültig, perfekt, Wahrheit und darf nicht verändert werden. Der HERR verlangt unseren

Gehorsam gegenüber Seinem Gebot, denn in der Bibel heißt es umschrieben: „Du bist kein wahrer Gläubiger, wenn du nicht Seinen Geboten folgst." (Johannes 14:15) Außerdem sagt Er, Gehorsam ist besser als Opfer und Seine Schafe kennen Seine Stimme. (Johannes 10:27)

Der HERR gibt uns alle Gaben, weil wir seine Kinder sind und er uns darauf vorbereitet, seinem Reich zu dienen. Geistliche Gaben sind ein viel diskutiertes Thema unter Gläubigen und Kirchgängern, denn solange Du Deine Gaben nicht kennst, kannst Du sich Deiner Bestimmung nicht sicher sein. Deine Bestimmung und Deine Gaben sind ineinander verschlossen und beide arbeiten Hand in Hand.

Obwohl es Tests, elektronische Geräte, Webseiten, Artikel und Bücher darüber gibt, wie Du Deine Gabe/n bestimmen kannst, muss die endgültige Bestätigung für Deine Gabe/n vom HERRN kommen. Der Test, den Du machen kannst, Menschen, mit denen Du sprichst und andere Wege, die Menschen gehen, um ihre Gaben zu finden, sind keine schlechte Idee oder Art der Entdeckung, aber lass Gott niemals aus dem Prozess heraus. Wenn wir Gott aus diesem lebenswichtigen Teil unseres Weges als Gläubige herauslassen, laufen wir die Gefahr, im Leib fehl am Platz zu sein und wirken eher fremd wie eine Plage oder eine Krebszelle anstatt als ein lebenswichtiger Teil des Leibes Christi zu wirken. Es gibt insbesondere zwei Passagen, die über geistliche Gaben sprechen und solche Gaben definieren.

Erstens lernen wir in 1. Korinther 12, dass zu den Gaben des HERRN Weisheit, Erkenntnis, Glaube, Heilung, Wunder, Prophetie, Unterscheidung der Geister (Unterscheidungsvermögen), Zungen und die Auslegung von in

Zungenreden gehören. (1. Korinther 12:7-10) All dies wird von ein und demselben Geist, Gott, befähigt, der jedem einzelnen zuteilt, wie er will. (1. Korinther 12:11) Der HERR hat einen Plan für Dein Leben und Deine Gabe ist ein Hilfsmittel dafür, wie er Dich dorthin bringen will.

In Epheser 4:11 erfahren wir von den geistlichen Gaben, die das ausmachen, was gemeinhin als fünffacher Dienst bezeichnet wird. Der fünffache Dienst besteht aus Aposteln, Propheten, Evangelisten, Predigern und Lehrern. Diese Gaben werden den Kindern Gottes zur Erbauung des Leibes Christi verliehen. Die Gaben werden nicht gegeben, damit der Mensch entscheidet, wie er sie einsetzt, sondern damit der Herr ihren Einsatz anweist.

Lass uns noch einmal kurz das Gleichnis betrachten, das das beste Bild der geistlichen Gaben malt. (Matthäus 25:14-30) Gott gab drei Menschen Gaben, die sich in Talenten oder Schekeln niederschlugen. Die drei unterschieden sich darin, was sie mit den Talenten taten, aber die beiden, die den Willen des HERRN taten und eine Ernte einbrachten, ihr Talent zur Erbauung des Reiches Gottes einsetzten, bekamen einen größeren Lohn. Der törichte Mann, der das Talent vergrub und nichts zurückgab, wurde gottlos genannt und aus den Toren hinausgeworfen.

Entscheide Dich, Dein Talent für Gott einzusetzen und begrabe die Gaben, die Gott Dir gegeben hat nicht, sondern vertraue darauf, dass er Dir Anweisungen gibt. Im Fall von Saul war Unterweisung sehr nötig, da er nicht qualifiziert zu sein schien, der König der hebräischen Nation zu sein; in der Tat ist kein Mensch außer Gott qualifiziert, zu führen. Damit er eine kämpferische Chance haben würde, sie zu führen, musste er bei jedem Schritt den HERRN suchen, denn vor ihm gab es keinen König. Es gab etwas an Saul, das dem HERRN gefiel, das Ihn dazu brachte, Saul zum König auszuwählen.

Eine von Sauls Gaben beinhaltete die Führung und zwei weitere Gaben, die ihm zugeschrieben wurden, waren Weisheit und Wissen. Diese Gaben wurden in ihm eingeboren, lange bevor er es merkte. Die erste Lektion, die jeder gute Führer lernen oder besitzen sollte, ist ein gelehriger Geist. Bevor man führen kann, muss man zuerst wissen, wie man folgen kann. Saulus musste die Stimme des HERRN hören und den Befehlen Gottes folgen, denn er musste das Fundament legen.

Saul bewies in seiner Jugend, dass er fähig und erzogen war, auf die Stimme seines Vaters zu hören; ebenso musste er fähig sein, auf die Stimme seines himmlischen Vaters zu hören. Wenn wir den ersten Schritt nicht bestehen, können wir es nicht zum nächsten schaffen. Sauls nächster Schritt war, den Weg zu lernen, und nachdem er den Weg gelernt hatte, konnte er dann andere führen. Er musste viel Zeit mit Gott und den von Gott berufenen Menschen verbringen, um die Talente, die Gott in seiner Jugend in ihm sah, zu entwickeln und ausreifen zu lassen. Indem Du Deine Gaben entwickelst, ermöglicht es dem HERRN, Dich ins Spiel zu rufen.

Im Sportcamp, im Training oder vielleicht sogar im Musikzeltlager musst Du Routinen erlernen und wirst aufgefordert, im Training aktiv zu sein. Wenn Du im Training nicht aktiv bist, wird der Trainer nicht sehen, was Du kannst, also wird er Dich nicht im Spiel einsetzen. Das Training muss genauso ernst genommen werden wie das eigentliche Spiel.

Wenn Du das Wort studierst, tu es mit Absicht, weil Leben davon abhängen. Sobald Dein Training abgeschlossen ist, ist es an der Zeit, Dich aus der Simulation herauszunehmen und Dich ins Spiel zu bringen. Als Saul sein Training beendet hatte, war es an der Zeit, ihn ins Spiel zu bringen. Die Esel-Mission war eine Übung; das Spiel ist das Königsein über die hebräische Nation.

In Vers 15 sehen wir auch eine andere Gabe am Werk, die Prophetie. Samuel wurde als junger Mann berufen, dem HERRN zu dienen, aber bevor er der Prophet wurde den wir in der Bibel kennen, fegte er zuerst Böden, wusch ab und lernte die Kirche kennen. Selbst als Gott zum ersten Mal seinen Namen rief und er antwortete, war er noch nicht bereit, eingesetzt zu werden, weil er in seiner Gabe nicht reif war. Aber als seine Zeit gekommen war, diente er dem Herrgott und sorgte für Rechenschaft über Dich und mich.

Hier siehst Du also, die Hingabe an Deine Gaben ist extrem wichtig. Wenn wir Gott folgen, müssen wir uns daran erinnern, dass es nie um uns geht, sondern immer um Gott und sein Reich. Samuel und Saul waren Verwalter für den Besitzer; der Besitzer ist der Herr, der allmächtige Gott. Wir sind alle aufgefordert, im Leib zu funktionieren, wie Sein Geist über alles wirkt und durch alles und in allem wirkt. (Epheser 4:4)

Beachte, es war nicht Saul, der Gott bat, ihn zu gebrauchen, sondern es war Gott, der ihn sah und ihn erwählte. Gott erwählt uns, und wenn wir wollen, dass er sich uns nähert, müssen wir uns Ihm zuerst nähern; und das tun wir, indem wir Ihn zuerst anerkennen und unsere Herzen reinigen. (Jakobus 4:8) Ein beachtenswerter Punkt: Wenn Gott uns Gaben gibt, salbt er unsere Gaben.

Saul hatte keine Möglichkeit, auf natürlichem

Wege zum König zu werden. Er stammte aus dem untersten Stamm, der auch der kleinste war, und wenn es einen Wahlkampf oder eine Abstimmung gegeben hätte, wie in der heutigen Zeit, hatte er keinen Reichtum, um seine Kampagne zu führen. Mit der Salbung des Königs über seinem Leben gab der HERR ihm jedoch eine Position, die er niemals hätte verdienen können. Ja, Er tut dasselbe mit Dir und mir. Die Gegenwart des HERRN, die Salbung, die mit unserer/n Gabe/n verbunden ist, wird Türen öffnen, die kein Mensch oder eine dämonische Kraft schließen kann.

Sieg durch die Anwesenheit Gottes

1 Samuel 14: 47 - 48

47. Als Saul die Königsherrschaft über Israel erlangt hatte, kämpfte er gegen alle seine Feinde ringsumher: gegen die Moabiter, die Ammoniter,

die Edomiter, gegen die Könige Zobas und gegen die Philister. Und wo er sich hinwandte, da gewann er den Sieg.

48. Und er vollbrachte tapfere Taten und schlug die Amalekiter und errettete Israel aus der Hand aller, die es ausplünderten.

Ich habe eine kühne Behauptung darüber aufgestellt, dass die Türen, die der HERR für Dich öffnet, von niemandem geschlossen werden können. Erlauben Sie mir, diese Wahrheit mit 5. Mose 28:3-11 zu begründen. Der HERR sagt: „Wir sind gesegnet in der Stadt und gesegnet auf dem Feld"; außerdem sagt Er, dass Er uns in allem, was wir tun, „gedeihen" und „reich werden" lassen wird. Dieselbe Wahrheit wird durch 1. Samuel 14:47-48 unterstützt, wenn die Bibel sagt, dass, wenn man die Gegenwart Gottes trägt, jeder göttliche Auftrag, den man ausführt, das Endergebnis der Sieg ist.

Wenn wir mit dem Geist Gottes wandeln, ist das gleichwertig und sollte so viel Kraft haben wie das Wandeln mit der Bundeslade. Bedenke das Gemüt und die Heiligkeit, die Du bewahren musst, um in der Nähe der Bundeslade zu sein. Die Gegenwart Gottes muss zu jeder Zeit bei Dir sein, damit der Sieg Dir gehört und er Deinen Kampf kämpft. Wenn der HERR Deinen Kampf kämpft, mag es keinen Sinn machen, es mag für das natürliche Auge nicht gut aussehen, aber das geistliche Auge sieht alles und Du wirst gewinnen.

Saul war in der Lage, die Moabiter, Ammoniter, Edomiter usw. zu besiegen nicht weil er der König von Israel war, sondern weil die Gegenwart Gottes über sein Leben war. Später in seinem Leben, als er nicht mehr überzeugt war, dass die Macht nicht seine eigene, sondern von Gott war, verlor er auch seine Herrlichkeit als die Gegenwart des HERRN ihn verließ. Den gleichen Segnungen, die der HERR in 5. Mose 28 gab, folgten Flüche für diejenigen, die nicht taten, was der HERR sagte.

Ein Kind Gottes zu sein erfordert, dass wir die Gegenwart Gottes in unserem Leben aufrecht erhalten. Wir dürfen niemals wanken oder aufhören, Glauben zu haben oder auf Ihn zu vertrauen. Wir müssen keine starken Kämpfer oder die Besten in irgendetwas sein, damit der HERR uns segnet. Er sagt uns, dass Er in unserer Schwachheit stark ist, also sei guten Mutes, wenn Du das Gefühl hast, dass Du nicht der Beste bist oder Dir die Mittel fehlen, um zu bestehen; das wird die Pläne, die Gott für Dich hat, nicht aufhalten! (2. Korinther 12:9-10)

Lass es nicht zu, dass Widrigkeiten Deinen Glauben erschüttern, dass die Gegenwart Gottes nicht in Deinem Leben ist. Sieh, es ist während der Kämpfe, dass der HERR verherrlicht werden kann, weil er uns über unsere Probleme, Situationen und unsere Feinde triumphieren lässt. Herausforderungen werden zu uns allen kommen. Saul hatte eine Schlacht nach der anderen, die er zu kämpfen hatte, und Gott gab ihm den Sieg.

Derselbe Gott ist in der Lage, Dir auch in jeder Facette Deines Lebens den Sieg zu schenken, und sicherlich ist Er in der Lage, Deinen Weg zu ebnen, den Er Dir zu gehen befohlen hat. Halte die Gegenwart Gottes in Deinen Leben und richte Deinen Lebensstil auf einen siegreichen aus. Wo der Geist des HERRN ist, werden unsere Kämpfe immer gewonnen werden und die Gunst des HERRN wird in unserem Leben sein.

DIE PROPHETISCHE SALBUNG GEHT MIT GEHORSAM EINHER

Der Befehl zum Regieren

1 Samuel 10:7

7. Wenn für Dich nun diese Zeichen eintreffen, so tu, was Dir vor die Hand kommt; denn Gott ist mit Dir.

Wenn Du vom HERRN mit einer Gabe begabt wurdest gibt es Anforderungen und Verantwortlichkeiten, die Dir zugewiesen sind, um in Deiner Gabe nach Göttlichen Standards zu handeln. Im Fall von Saul war die erste Salbung, die Gott durch den Propheten Samuel über Sauls Leben gab, eine Salbung zum Königtum; es gibt auch Hinweise darauf, dass Saul auch eine prophetische Salbung hatte. (1. Samuel 10:6-7, 10-13) Saul war in der Lage, direkt mit Gott zu kommunizieren, und das musste eine Voraussetzung sein, denn ein anderer Mann hatte dieses Amt nie vorher innegehabt. Gott suchte Saul persönlich auf und sprach direkt mit ihm. Er regierte aktiv über Israel und gab Saul durch die Prophetie Zugang zu Seinem Göttlichen Thronsaal.

Diese Gabe wurde nicht und auch in Zukunft nicht jedem König zugeteilt. Viele Männer waren in der Bibel König und sie alle hatten keinen Zugang zum Thronsaal Gottes. Ich glaube, dass Gott Saul mit der Fähigkeit beschenkt hat, Zugang zu Ihm zu haben, damit er ermutigt bleiben und nicht schwach werden oder zweifeln konnte. Wenn Du die Stimme des HERRN hörst, hast Du Frieden und musst nichts fürchten.

Saul, der aus einem niederen Umfeld stammte, in großem Stil auftrat, um Krieger in der Schlacht anzuführen und ohne jegliche Erfahrung einen Thron zu besteigen, war ein großes Unterfangen. Mit der Anwesenheit Gottes und die Stimme Gottes in seinem Ohr, musste er Vertrauen in Gottes Fähigkeit haben, Israel zu befreien, egal unter welchen Umständen. Darüber hinaus begab Gott ihn mit der prophetischen Gabe, so dass die Manifestation des totalen Gehorsams während seiner gesamten Regierungszeit kontinuierlich hervortreten würde. „Meine Schafe hören meine Stimme, und ich kenne sie und sie folgen mir." (Johannes 10:27)

Der göttliche Befehl

1 Samuel 15:3

3. So zieh nun hin und schlag Amalek. Und vollstreckt den Bann an allem, was es hat; verschone sie nicht, sondern töte Mann und Frau, Kinder und Säuglinge, Rinder und Schafe, Kamele und Esel.

Saul war sehr vertraut mit der Gegenwart Gottes und sah die Manifestation mit Zeichen und Wundern. Seine prophetische Gabe erschien in weniger als 24 Stunden, nachdem Samuel es prophezeit hatte. Er wurde gesehen, wie er ein Wunder nach dem anderen tat, einschließlich seiner Fähigkeit, prophetisch zu reden. Saul folgte der Stimme des HERRN und erntete die Früchte seines Gehorsams und seinem Vertrauen in Gottes Wort an ihn. Dein Gehorsam gegenüber Gott garantiert die

Stabilität der Gegenwart Gottes in Deinem Leben. Saul lernte dies, beherrschte dies, aber behielt er es im Herzen?

In unserem Leben ist es möglich, dass wir einen Tiefpunkt erreichen. Wir können eine lebensverändernde Situation erleben, in der wir das Opfer sind, und durch Gottes Gnade befreit sind und werden zum Sieger. Wenn man einen Sieg nach dem anderen erringt, können manche den Blick dafür verlieren, warum sie siegreich sind. Wenn wir Gott verdrängen und versuchen, Ihn seiner Herrlichkeit zu berauben, sind wir nicht in seinem Willen. Wenn wir außerhalb Seines Willens sind, können wir unsere Segnungen einbüßen.

Hast Du jemals die Frustration gespürt, wenn Du undankbare Kinder getroffen hast? Kinder, die seit ihrer Geburt von ihren Eltern umsorgt, versorgt, gefüttert und geliebt wurden. Als Kinder erwachsen werden, gehen sie aufs College, machen ihren Abschluss und bekommen dann einen tollen Job, zum Teil wegen ihrer Eltern. Dann sind sie auf einmal zu beschäftigt für ihre Eltern. Sie kümmern sich nicht mehr um die Lebensqualität ihrer Eltern.

Der verlorene Sohn ist das beste Beispiel dafür, wie manche Kinder, die gut erzogen sind, auf etwas stoßen, das ein Segen zu sein scheint, nämlich Geld, und wenn sie es bekommen, verlieren sie ihren Verstand. Irgendetwas passiert mit dem Menschen, wenn wir Reichtum, Vermögen und Macht begegnen: Wenn wir unseren Leib nicht gegürtet und mit dem Wort beschwert haben, wird unser Leib versuchen, den Geist zu überwältigen. Manchmal ist dies eine subtile Veränderung im Denken, Handeln oder Glauben, die zu einer Welt des Bedauerns und der Sünde führt.

In 1. Samuel 15:3 sagte der HERR ihm, er

solle gehen (befehlen) und die Amalekiter angreifen. Den König töten, das ganze Volk töten und alles zerstören, was sie hatten. Wenn der HERR einen Befehl gibt, ist es zwingend notwendig, dass wir zuhören, denn manchmal gibt es keine Wiederholungen.

Der Prophet bekam keine Wiederholung; er wurde von einem Löwen zerfleischt und starb für seinen Ungehorsam. (1. Samuel 17:36) Ananias und Sapphira wurden erschlagen, weil sie der Gemeinde nicht gaben, was sie versprochen hatten - keine Wiederholung. (Apostelgeschichte 5:1-11) Achan in Josua wurde gesagt, er solle nichts nehmen, aber er nahm Münzen, einen Mantel für seine Frau, und das kostete ihn sein Leben und das Leben seiner ganzen Familie - keine Wiederholung. (Josua 7:21)

Bleibst Du in Deinem christlichen Wandel mit Christus immer sensibel für die Stimme Gottes?

Das müssen wir in der Situation eines göttlichen Befehls, sonst laufen wir Gefahr, die Gegenwart und den Schutz Gottes aus unserem Leben zu entfernen.

Er war Ungehorsam

1. Samuel 15:7 - 9

7. Da schlug Saul die Amalekiter von Hawila bis nach Schur, das vor Ägypten liegt,

8. und nahm Agag, den König von Amalek, lebendig gefangen, und an allem Volk vollstreckte er den Bann mit der Schärfe des Schwerts.

9. Aber Saul und das Volk verschonten Agag und die besten Schafe und Rinder und das Mastvieh und die Lämmer und alles, was von Wert war, und sie wollten den Bann daran nicht vollstrecken; was aber nichts taugte und gering

war, daran vollstreckten sie den Bann.

Saul tat das, was für jeden Mann verlockend ist: Er versuchte, das Wort, das Gott ihm gegeben hatte, nach seinem Geschmack zu rationalisieren - tu das nicht. Versuche nicht, die Wahrheit so zu biegen, dass sie zu Deinem Lebensstil, Deinen Wünschen, Deinem Amt oder zu sonst etwas passt. Wenn man die Wahrheit auch nur ein wenig verbiegt, wird sie zur Lüge und die Wahrheit ist nicht darin.

Die Bibel weist uns an, dem Wort nichts hinzuzufügen und nichts wegzunehmen. (Offenbarung 22:18-20) Wenn wir Gottes Wort verändern und abwandeln, damit es unseren eigenen Vorlieben entspricht, haben wir ein anderes Evangelium angenommen, und es ist so, wie Paulus fragt: „Wer hat euch verhext?" (Galater 3:1) Saul war dem Geist der Ungerechtigkeit verfallen oder erlag ihm. Ungerechtigkeit ist eine vorsätzliche Entscheidung und das Fortbestehen der Sünde ohne Reue. (http://www. gotquestions.org/iniquity-sin-transgression.html)

Der HERR befahl ihm ausdrücklich, alles zu zerstören, was die Amalekiter in ihrem Besitz hatten, und nichts von ihnen übrig zu lassen. König Saul jedoch zerstörte nur einige ihrer Sachen, tötete die meisten Menschen, nahm die glanzvollen und glitzernden Dinge, gesunde Tiere und verschonte das Leben ihres Königs. Was ging nun im Kopf von Saul vor, das ihn dazu verführte, zu glauben, dass „Erstens" -, Gott damit einverstanden wäre, dass er seine Pläne ändert?

„Zweitens", dass es keine Konsequenzen für seinen Ungehorsam geben würde - oder dass er die Strafe ertragen könnte? Der Trick des Feindes besteht darin, Deine Augen auf eine Sache gerichtet zu haben, während er sein Gesamtziel erreichen will, nämlich Dich zum Fall zu bringen. König Saul wurde ausgetrickst, ähnlich wie Eva im Garten ausgetrickst wurde, zu glauben, dass Ungehorsam gegenüber Gottes Wort aufgrund guter Absichten in Ordnung wäre. Sind wir nicht manchmal in der Lage zu denken, der Zweck heilige die Mittel?

Das ist keine ungewöhnliche Situation und viele von uns - wir alle sind versucht, Gott ungehorsam zu sein, wenn wir sündigen, uns von Gott zu entfernen und eine Lüge über die Wahrheit zu stellen. Im Nachhinein haben wir alle schon Entscheidungen getroffen, die wir später bereut haben. Danke dem HERRN für seine Barmherzigkeit und Güte, denn Er erlaubt uns, zu bereuen und umzukehren. Aber einige sind nicht in der Lage umzukehren und sind einem verwerflichen Geist übergeben, bis Gott es Dir erlaubt, zu Dir selbst zu kommen. (Römer 1:28)

Nebukadnezar war ein Mann, der an Gott zweifelte, und er erlaubte ihm - dem König - seinen Verstand zu verlieren, bis der HERR ihm erlaubte, zu sich selbst zu kommen. (Daniel 4:32-33) Das ist die zwei Millionen Dollar Frage, die ich Saul stellen kann:

- Was ist schief gelaufen?
- Wer oder was hat Dich dazu gebracht, Gott ungehorsam zu sein?

Diese Fragen lassen sich am besten durch das beantworten, was in den heiligen Schriften steht. Die Heilige Schrift liefert die Schlüsselbeweise, die den Kompromiss dokumentieren. Wenn wir zulassen, dass die Stimme des Menschen lauter ist als Gott, laufen wir Gefahr, Gott aus den Augen zu verlieren. Die Bibel sagt, dass die Welt im Krieg mit Gott, dem WORT, alias Jesus, ist.

Wie konnte Saul, der mit so viel Glück

gesegnet war, einem Königtum, dem Prophetentum, der Errettung und die Gemeinschaft mit Gott, Gott, dem Schöpfer des Universums, für so wenig verlassen? Die Traditionen der Menschen, die Akzeptanz, die Wertschätzung, die Anerkennung, die er finden würde, werden sich bald auflösen, da ein anderer an seiner Stelle nicht einen Moment zu früh auftaucht. Der Teufel verfolgt Dich, bis er Dich hat, dann verschwindet er, sieht aber zu, wie Du untergehst, während er in Gelächter ausbricht.

DER BEWEIS FÜR EINEN KOMPROMISS

Materialistisch

1 Samuel 15:13 - 15

13. Als nun Samuel zu Saul kam, sprach Saul zu ihm: Gesegnet seist du vom HERRN! Ich habe des HERRN Wort erfüllt.

14. Samuel antwortete: Was ist denn das für ein Blöken von Schafen in meinen Ohren und ein Brüllen von Rindern, das ich höre?

15. Saul sprach: Von den Amalekitern hat man sie gebracht; denn das Volk verschonte die besten Schafe und Rinder,

um sie zu opfern dem HERRN, deinem Gott; an dem andern haben wir den Bann vollstreckt.

Saul vergaß, dass Samuel ein Mann Gottes war und die Stimme des HERRN hören konnte. Das musste er getan haben, denn wie konnte er vor einem Propheten des Allerhöchsten Gottes eintreten und denken, er könne die Wahrheit vor Gott verbergen? Er glaubte an einen sehr bösen Traum, an eine Lüge, und wenn man eine Lüge als Wahrheit akzeptiert, muss man die Lüge mit weiteren Lügen unterstützen.

Saul folgte nicht dem Gebot des HERRN, sondern ruhte sich auf seinem eigenen Denken und Verstehen aus und wich vom Gebot ab. Die Bibel sagt uns, dass wir uns nicht auf unser eigenes Verständnis stützen sollen, sondern uns auf jedes Wort von Gott verlassen sollen (Sprüche 3:5-6).

Saul ist ohne jede Entschuldigung, weil er die Stimme des HERRN direkt hören konnte. Er hatte die Gegenwart Gottes, die in seinem Leben in einem unbestreitbaren Ausmaß wirkte, und doch dachte er, er könne lügen und sich verstecken wie Adam und Eva, als sie sündigten.

Wir werden nicht in der Lage sein, Gott zu schmeicheln oder unsere wahren Herzenswünsche und Absichten zu verbergen oder unsere Handlungen mit Lügen zu verteidigen. Gott ist allgegenwärtig, allmächtig und weiß alles, und er kennt besonders die Herzen und Wünsche seiner Kinder. (Jeremia 1:5) „Ich kannte dich, ehe ich dich im Mutterleibe bereitete, und sonderte dich aus, ehe du von der Mutter geboren wurdest, und bestellte dich zum Propheten für die Völker." Gott hatte einen Plan für Saul, und Er hat diesen Plan ausgeführt, Er vollendet jedes Werk, das Er beginnt. (Philipper 1:6) Es ist eine Schande, Gott hat ein

Werk vollendet und Saul hat mit seinem Kompromiss so viel davon zerstört, wie er konnte.

Du kannst deutlich sehen, dass es jedes Mal, wenn jemand etwas falsch macht oder Gottes Gebot nicht gehorcht, es für diese Person sehr schwierig sein kann, zurückzukommen. Im Gegensatz zu dem, was David tat, als er erkannte, dass er Mist gebaut hatte, tat er Buße, während Saul beschloss, diese Wahrheit zu verbergen oder zu vermeiden. Der Grund, warum es so schwer sein kann, zu Gott zurück zukommen, ist, dass Saul im Grunde seines Herzens, als er gegen Gott sündigte, wusste, dass die Gegenwart Gottes über seinem Leben stand. Alle Sünden können vergeben werden, außer der Lästerung gegen den Heiligen Geist. (Markus 3,28-30)

Saul sollte zu Samuel gehen und ihm Bericht erstatten, und doch hörte Samuel nichts von Saul, sondern musste zu Saul hingehen und ihn konfrontieren. Wie viele von uns, nachdem wir gefallen sind, waren im Kampf vermisst? Niemand kann Dich am Telefon anrufen oder will Dich nicht in der Gemeinde sehen. Du wurdest weggeschoben, von Gott getrennt und Du bist vielleicht völlig zufrieden mit dieser Trennung, weil Gott zu konfrontieren bedeuten würde, die Wahrheit zu enthüllen; Du hast Gott nicht gehorcht.

Als Samuel Saul konfrontierte, tat er so, als ob alles in Ordnung wäre. Als Samuel die Dinge offenlegte, die als geheim galten, gestand Saul nicht, sondern log und sagte, es sei für Gott. Wie können wir gegen Gott sündigen und dann sagen, wir hätten für Gott gesündigt? Frisches und salziges Wasser kann nicht aus demselben Gefäß kommen, noch kann Ungehorsam durch die Vorstellung „Ich habe gesündigt, um Gott zu gefallen" gestützt werden; es ist ein Oxymoron. (Jakobus 3:11)

Ich glaube, der Prophet Samuel war nicht nur da, um König Saul für seinen Ungehorsam gegenüber dem HERRN zurechtzuweisen, sondern auch, um ihm eine Gelegenheit zu geben, mit Gott ins Reine zu kommen. Saul wurde die Chance gegeben, sein Handeln zuzugeben, zu bekennen und zu bereuen, aber stattdessen gab er anderen die Schuld. Als der HERR in der Kühle des Tages im Garten wandelte, sprach Er Adam und Eva auf ihre Übertretungen an, die auch einander und der Schlange die Schuld gaben. (1. Mose 3:8-13)

Das hielt Gottes Gericht nicht auf, denn erstens logen sie Gott ins Gesicht und versuchten dann zu erklären, warum Lügen in Ordnung war. Keine gute Idee. Saul erkannte damals nicht, dass es ein Privileg war, seine Sünde anzuerkennen und Buße zu tun. Gott wollte ihm vergeben, denn Sünde verursacht eine Trennung zwischen Gott und uns. (Jesaja 59:2-3)

Christen und Nicht-Gläubige können in diese Falle tappen, wobei wir anderen die Schuld an unserer Situation geben. Hör auf, anderen die Schuld zu geben und erkenne jeden Mangel an Gehorsam in Deinem Leben an, denn Gott ist immer noch für Dich da. Behalten Deine Treue zu Gott.

Ändern der Loyalität von Gott zu einem anderen

1. Samuel 15:17 - 19

17. Samuel sprach: Ist's nicht so: Auch wenn du vor dir selbst gering warst, bist du doch das Haupt der Stämme Israels; denn der HERR hat dich zum König über Israel gesalbt.

18. Und der HERR sandte dich auf den Weg und sprach: Zieh hin und vollstrecke den Bann an den Sündern, den Amalekitern, und kämpfe mit ihnen, bis du sie vertilgt hast!

19. Warum hast du der Stimme des HERRN nicht gehorcht, sondern hast dich an die Beute gemacht und getan, was dem HERRN missfiel?

Als König Saul seine Sünde nicht eingestand und Buße tat, verlagerte sich seine Treue vom Werk des HERRN zum Tun und Rechtfertigen seiner eigenen Pläne. Er kümmerte sich nicht mehr darum, wie seine Sünde Gott verletzte, noch darum, wie seine Sünde ihn selbst betraf. Er entfernte sich von seiner ersten Liebe und begann den Übergang der Treue von Gott zu Satan. Sich selbst zu dienen ist lauwarm und allein sind wir dem Feind nicht gewachsen. Er weigerte sich, Buße zu tun, sondern entschied sich stattdessen, weiterhin andere für seine Entscheidungen während der Invasion verantwortlich zu machen; er hätte ihre Handlungen ändern können, so wie Josua in der Vergangenheit Verstöße korrigierte.

Er war der Anführer über die Stämme Israels; der HERR salbte ihn zum König Israels und gab ihm Befehle. Daher waren die Leute, die er beschuldigte, für ihn verantwortlich und von Gott beauftragt zu regieren. Saul war König und sein Volk nahm Befehle von ihm an, also hat er im weiteren Sinne den Befehl gegeben, sie gelten zu lassen. Wenn dies nicht von Anfang an Sauls Idee war, so wurde es doch seine Entscheidung und er stellte sich auf die Seite der Stimme der Menschen über den Befehl Gottes. In dieser Göttlicher Absicht, dem christlichen Weg, wem gegenüber bist Du rechenschaftspflichtig - ist es Gott oder den Menschen gegenüber?

Während Du darüber nachdenkst, wie Du feststellen kannst, wo Deine Loyalität liegt, überlege mal, wie Du Entscheidungen triffst. Richtest Du die Wahrheit an der Bibel oder an der Gesellschaft aus? Nimmst die Bibel, wie sie ist, oder filterst Du das Wort durch Deine Vorstellungen und gesellschaftlichen Normen? Erlaubst Du dem Wort Gottes, Deine Gedanken zu durchdringen? Wenn Deine Gedanken vor dem Wort kommen oder Du gesellschaftliche Normen für angemessener erachten solltest, als die Schrift, ist Deine Treue nicht zu Gott. Richte Dich nach der Bibel, oder Du wirst nach ihr gerichtet!

Lass es nicht zu, dass die Meinung von Menschen Deine erste Treue ist. Wir sind nicht dazu aufgerufen, Gottes Autorität in Frage zu stellen; wir dürfen ihm jedoch Fragen stellen. Gott gibt uns die Erlaubnis, kühn zum Thron der Gnade zu kommen. (Hebräer 4:16) Wir dienen einem mächtigen und kraftvollen Gott, der der König aller Könige ist, und er setzt alle Menschen ein, die in hohen Positionen sind. Nichts im Leben geschieht ohne sein Wissen. (Klagelieder 3:37)

Rechtfertigung und Verweigerung

1 Samuel 15: 20 - 22

16. Saul antwortete Samuel: Ich habe doch der Stimme des HERRN gehorcht und bin den Weg gezogen, den mich der HERR sandte, und habe Agag, den König von Amalek, hergebracht und an den Amalekitern den Bann vollstreckt..

17. Aber das Volk hat von der Beute genommen Schafe und Rinder, das Beste vom Gebannten, um es dem HERRN, deinem Gott, zu opfern in Gilgal.

18. Samuel aber sprach: Meinst du, dass der HERR Gefallen habe am Brandopfer und Schlachtopfer gleichwie am Gehorsam gegen die Stimme des HERRN? Siehe, Gehorsam ist besser als Opfer und Aufmerken besser als das Fett von Widdern.

Zu lesen, dass König Saul abschwor, er würde ein Werk zum Nutzen des HERRN tun, obwohl er wusste, dass er log, machte die Sache für ihn noch schlimmer. Selbst Samuel flehte ihn an: „Warum lügen?" Ein altes Sprichwort, das Großmüttern, Müttern und Großmamis auf der ganzen Weltzugeschrieben wird, „Sag die Wahrheit und beschäme den Teufel", war der Rat, den König Saul beherzigen musste.

Wenn wir unsere Kinder erziehen, sind wir nicht so sehr darüber verärgert, dass sie Mist gebaut haben, sondern wenn sie darüber lügen; das ist der Punkt, an dem Disziplin zwingend notwendig wird. Wir müssen lernen, unsere Sünde nicht vor Gott zu verbergen, denn es ist ohnehin nicht möglich, ein Geheimnis vor ihm zu bewahren. Er sieht alles und weiß alles; wir laufen also nur weg und belügen uns selbst. Gott kennt die Wahrheit, weil Er die Wahrheit ist.

Saul log nicht nur, sondern er versuchte auch, sein Unrecht vor Samuel zu rechtfertigen. Wir sind eindeutig vom Weg abgekommen, wenn Gott Menschen in unser Leben schickt, um uns zurechtzuweisen, und wir versuchen, sie dazu zu bringen, um auf unserer Seite zu sein; was auf der falschen Seite ist. Wir dürfen uns nicht über die Zurechtweisung ärgern, sondern müssen die Zurechtweisung annehmen und füreinander beten, denn die Gebete der Gerechten bewirken viel. (Jakobus 5,16) Saul stand vor Samuel und sagte: „Dein Gott", als ob er nicht mehr derselbe wäre.

Saul wandte sich ab und fuhr fort zu lügen und zu versuchen, sich zu rechtfertigen. Er wollte, dass Samuel und vor allem Gott seine Handlungen akzeptierten und duldeten. Er versuchte, Gott zu sagen, dass er Falsches als richtig und Richtiges als falsch akzeptieren sollte. Deshalb war der Prophet Samuel offen, ihm zu sagen, dass Gehorsam (den

Willen Gottes tun) besser ist als Opfer (Werke). Mit anderen Worten: „Was Du sagst, wer Du bist, ist nicht wichtiger als das, was Du tust."

Wir alle müssen uns daran erinnern und glauben, dass wir auf dieser christlichen Reise unsere Sünden nicht vor Gott oder seinen Leitern rechtfertigen dürfen, wenn wir zurechtgewiesen werden. Das Rechtfertigen unserer Sünden wird jeden zerstören, der mit diesem falschen Denken arbeitet. Gott ist da und in der Lage, Dir zu vergeben, wenn Du nur darum bittest. Es gibt nichts, was Dich zu weit von Gott entfernt, außer der Lästerung gegen den Heiligen Geist.

Lauf also nicht vor der rettenden Gnade davon, die wir alle so verzweifelt brauchen. Es ist nicht wichtig, wie oft wir hinfallen, sondern wie oft wir aufstehen. Die Bibel sagt, dass wir 77 Mal vergeben sollen, und Gott ist sicherlich barmherziger als jeder Mensch. (Matthäus 18:21-22) Bleib offen und nackt vor Gott und bekenne Deine Sünden; Er ist treu und gerecht, dass Er Dir von aller Ungerechtigkeit vergibt.

Wenn Sünde anerkannt wird

Eingeständnis eines Fehlers

1   Samuel 15:24-26

24. Da sprach Saul zu Samuel: Ich habe gesündigt, dass ich des HERRN Befehl und deine Worte übertreten habe; denn ich fürchtete das Volk und gehorchte ihrer Stimme.

25. Und nun, vergib mir doch meine Sünde und kehre mit mir um, dass ich den HERRN anbete.

26. Samuel sprach zu Saul: Ich will nicht mit dir umkehren; denn du hast des HERRN Wort verworfen, und der HERR hat dich auch verworfen, dass du nicht mehr König seist über Israel.

Es gibt immer Jahreszeiten und Zeitpunkte in unserem Leben, an denen Gott uns die Gelegenheit gibt, Buße zu tun und die Gnade anzunehmen, die allen Christen zuteilwird. Wenn Du Gottes Timing nicht erkennen oder die Gnade für selbstverständlich hältst, wirst Du das Ziel verfehlen. König Saul ist das Beispiel „A" dafür, was passiert, wenn man das Ziel verfehlt und die Tür vor der Gnade verschließt. Weil König Saul die Gnade nicht annahm, als sie ihm gegeben wurde, begrüßte er das Gericht über sein Leben.

Hast Du jemals erlebt, dass Menschen, die in einer Notlage sind, denen es an Nahrung, Kleidung,

Gesundheit fehlt, die nicht in der Lage sind, körperlich etwas zu erledigen, die Hilfe ablehnen, die ihnen geschickt wird? Der HERR schickt eine Person mit einem Herzen und der Fähigkeit, ihnen zu helfen, und sie lehnen sie ab. Anstatt dass die Person, die in Not ist die Hilfe annimmt, lehnen sie sie ab und schicken die Person weg. Wenn wir das tun, sind wir unserem eigenen Untergang überlassen und werden weiterhin damit zu kämpfen haben, die Aufgabe zu erledigen.

Es ist nicht weise, die Hand Gottes abzuwenden, egal was irgendein Mensch oder Teufel sagen mag, um Ihre Meinung zu ändern. Die Bibel sagt: „Wer nun mich bekennt vor den Menschen, zu dem will ich mich auch bekennen vor meinem Vater im Himmel." (Matthäus 10:32) Wir wollen nicht von Jesus oder Gott dem Vater verstoßen werden, weil wir ihn abgelehnt haben. Es ist eine große Beleidigung für uns, den HERRN,

Gott, abzulehnen, weil wir wissen, dass Er für uns gestorben ist, als wir noch Sünder waren und Ihn hassten. (Römer 5:10) In Lukas 9:26 sagt die Bibel auch: „Wer sich aber meiner und meiner Worte schämt, dessen wird sich der Menschensohn auch schämen, wenn er kommen wird in seiner Herrlichkeit und der des Vaters und der heiligen Engel."

Erinnerst Du Dich an die Zeit, als Du ein Kind warst und überlegt hast, welche Freunde und Menschen Du in Ihrer Nähe haben solltest? Im Leben ist es nicht anders. Wir suchen uns von Natur aus Menschen, die wir nicht als Feind, sondern als Freund betrachten können oder wollen.

Gott ist einer, den man nicht zum Feind haben will, sondern zum Freund machen muss; niemand kann mit Gott boxen und gewinnen. Wenn wir ein Freund Gottes werden, ist es persönlich, wenn wir ihn ablehnen. Gibt es einen Mann, eine Frau, eine Person, einen Ort oder eine Sache, die uns von der Liebe Gottes trennen kann? (Römer 8:31 - 39)

Diese Trennung zwischen Gott und uns wird normalerweise durch die Angst vor der Ablehnung durch Altersgenossen oder andere, die unseren Gott oder Sein Wort nicht schätzen, geschürt. Wenn wir zulassen, dass diese Stimmen und Meinungen größer sind als die von Gott, sind wir beschämt und Stolz schleicht sich ein, der es uns verbietet, uns zu bekennen. In diesem speziellen Vers gab König Saul die Tatsache zu, dass er gesündigt und Gottes Gebot nicht gehorcht hatte, erst nach langem Drängen von Samuel. Warum war er nicht in der Lage, seine Sünde auszusprechen? Er gab zu, dass er mehr Angst vor Menschen und ihren Meinungen hatte als vor Gott.

Seine Treue wurde dem Menschen statt Gott zugeteilt. Siehe, Saul erkannte nicht, dass die Menschen von dem Licht angezogen wurden, das in ihm war, nicht von ihm. Die Menschen sahen Saul als Sieger und so auch der Teufel.

Der Teufel liebt nichts mehr, als Dich und mich von der Stellung fallen zu sehen, die Gott für uns bestimmt hat. Saul erkannte nicht, dass er, indem er sich auf die Seite der Menschen, auf die Seite des Teufels stellte, die Gegenwart Gottes verlor. Sobald er die Gegenwart Gottes verliert, würde er die Anerkennung des Volkes verlieren.

Wir müssen das christliche Gebot des Gehorsams gegenüber der Stimme des Herrn aufrechterhalten, egal was König, Königin, Freund oder Feind zu sagen hat. Wenn wir die Gegenwart Gottes über unserem Leben aufrechterhalten, müssen und sollen wir keine Kompromisse eingehen oder auf die Stimme anderer Menschen hören. König Sauls größter Fehler war es, auf die Stimmen von Menschen zu hören, anstatt der Stimme Gottes zu gehorchen. Saul fiel in Ungnade und zerbrach an seinem Vorhaben. Laut diesem Ereignis, stellte Gott fest, dass er nicht mehr geeignet war, seinem Zweck zu dienen, und er entließ ihn aus dem Amt des Königs von Israel.

Während wir über Sauls größten Fehler nachdenken, wollen wir untersuchen, was passiert, wenn der Geist des HERRN uns verlässt. In welchem Zustand befindet sich Saul Deiner Meinung nach? Sollte er noch zuversichtlich sein? Die Bibel sagt, dass Gott unsere Stärke und mein Schutz ist! (Psalm 28:7) Wenn Er Saul verlässt, gilt dann auch das Gegenteil? Saul ist jetzt geschwächt und angreifbar, aber rate mal, in unserer Schwäche für den HERRN bleibt Gott immer noch unsere Stärke; (2. Korinther 12:9) aber was ist mit denen, die den HERRN nicht haben? Was geschieht in diesem geschwächten Zustand?

DER GEIST DER FLEISCHLICHKEIT

Herausforderungen

1 Samuel 17:23-24

23. Und als er noch mit ihnen redete, siehe, da kam herauf der Riese mit Namen Goliat, der Philister von Gat, aus den Reihen der Philister und redete dieselben Worte, und David hörte es.

24. Und wer von Israel den Mann sah, floh vor ihm und fürchtete sich sehr.

Wenn der Geist des HERRN Dein Leben verlässt, gehen Gnade und Barmherzigkeit mit ihm. Saul wurde nun schwach und demütig zurückgelassen, wie er war, bevor die Gegenwart des HERRN bei ihm wohnte. Jetzt ist er nur noch der einfache Junge, der den Jahren nach gewachsen ist, aber ohne die Hilfe des HERRN hatte ihn seine Kraft verlassen. Wenn wir unsere Stellung und Gunst in den Augen des HERRN verlieren, erheben zwei bestimmte Geister, die mit der Fleischlichkeit verbunden sind, ihr Haupt. Der erste ist Neid und der zweite ist Eifersucht.

Als David auf den Plan trat, um gegen Goliath zu kämpfen, stellte er die Schwäche in Saul vor der Nation bloß. Warum war der König, der zuvor viele Schlachten geführt und gewonnen hatte, nun ängstlich wie das andere Volk, gegen Goliath zu kämpfen? Wo waren sein Selbstvertrauen, seine Stärke und seine Führungsstärke? Das Vertrauen lag in der Gegenwart des HERRN.

Nun, da die Stimme Gottes nicht mehr in seinem Ohr war, um ihn zu führen, war Saul auf sich allein gestellt. Er suchte sich andere Männer, die ihm helfen konnten, sich um seine Probleme zu kümmern. Saul verlor seine Fähigkeit, sich auf Gott zu stützen, weil er sich entschied, sich auf Menschen zu stützen. Er ist nun auf sich allein gestellt, um die vor ihm liegenden Aufgaben und Herausforderungen zu bewältigen.

Wütend über den Erfolg anderer Leute

1 Samuel 18:8

8. Da ergrimmte Saul sehr, und das Wort missfiel ihm, und er sprach: Sie haben David zehntausend gegeben und mir tausend; ihm wird noch das Königtum zufallen.

Als der junge Mann, David, Goliath besiegte, wuchs sein Ansehen im Volk. Bevor König David den Mut hatte, sich dem Riesen zu stellen, wurde er natürlich auch von Samuel mit der Königssalbung gesalbt. Er war auch der Jüngste, der Kleinste, der Bescheidenste, denn seine Chancen, zu Reichtum zu kommen, waren gering.

Er hatte mehrere ältere Brüder, die Anspruch auf das Erbe seines Vaters hatten, lange bevor er etwas bekommen würde. Der Herr nahm diese demütige Seele, genauso wie er Saul nahm, und begann ihn zu erheben. Er musste gegen Löwen und Bären kämpfen, bevor er gegen Goliath kämpfte, also hatte auch er eine Prüfung, die ihn auf seine Reise vorbereitete.

Saul wusste nur zu gut, was mit dem jungen David geschah, besser als jeder andere. Als er David sah, musste er an seine Vergangenheit erinnert werden, an seinen bescheidenen Anfang. Er begann vom Ruhm Davids zu hören und die Stimme des Volkes stellte David über seine Position. Die Worte des allmächtigen Gottes durch seinen Diener Samuel wurden für ihn real. Saul wurde neidisch auf das Lied, das das Volk sang und David über seinen Ruhm erhob.

Das Volk sagte, David habe zehntausend getötet und Saul nur tausend. Die Leute, denen Saul erlaubte, ihn in Ungnade fallen zu lassen, sind jetzt die Leute, die sich von ihm abgewandt haben. Der Ruhm, mit dem er sich allzu sehr anfreunden konnte, hatte verschwand und sein Neid wurde gegen David entfacht.

Der Geist der Eifersucht

1   Samuel 18:9

10. Und Saul sah David scheel an von dem Tage an und hinfort. Aber der Geist des Neides schwelgte in Saul und Eifersucht war ein enger Zwilling seines neuen Neides.

Saul, einst der große Anführer, der von Gott Bevorzugte, ist nun ein Ausgestoßener, der auf einen anderen schaut, um die Aufgabe zu erhalten und zu erfüllen, die einst sein Leben war. Es gibt nichts, was einen Menschen neidisch und eifersüchtig macht, als zu sehen, wie ein anderer in seinen Fußstapfen über sich hinauswächst. Wenn wir uns entscheiden, nicht in unseren Gaben zu wandeln oder der Stimme des HERRN zu gehorchen, wird Gott einen anderen finden, der willig und fähig ist. (Jesaja 6:8)

Lass es nicht zu, dass Neid und Eifersucht Wurzeln schlagen, denn dadurch verpasst Du Deine Bestimmung. Es ist möglich, dass wir im Leben aus der Bahn geraten, aber es gibt Erlösung und der Herr ist ein Erlöser der Zeit. (Psalm 103:4) Wir sollten nicht neidisch auf die Gaben der anderen sein, da wir alle Gaben haben, um im Leib Christi zu funktionieren.

Wenn Du siehst, dass es einem anderen besser geht als Dir, behalte ihn im Gebet und lerne aus seinem Zeugnis, was Du kannst. Niemand steigt in Gott auf, ohne einige harte Lektionen zu lernen. Halte Deinen Glauben und Deine Augen auf Jesus gerichtet, damit Du nicht in die Falle der Fleischeslust tappst. Fleischeslust wird nicht nur durch den Wunsch hervorgerufen, andere Menschen zu besänftigen, sondern auch durch den Wunsch, Dein eigenes Verlangen zu besänftigen.

BEWEIS, DASS GOTTES ANWESENHEIT GEWICHEN IST

Menschliches Denken

1 Samuel 16:17-19

17. Da sprach Saul zu seinen Knechten: Seht nach einem Mann, der des Saitenspiels kundig ist, und bringt ihn zu mir.

18. Da antwortete einer der jungen Männer und sprach: Ich habe gesehen einen Sohn Isais, des Bethlehemiters, der ist des Saitenspiels kundig, ein tapferer Mann und tüchtig zum Kampf, verständig

in seinen Reden und schön, und der HERR ist mit ihm.

19. Da sandte Saul Boten zu Isai und ließ ihm sagen: Sende deinen Sohn David zu mir, der bei den Schafen ist.

Erlebe

Wenn die Freude am HERRN nicht unsere Stärke ist nehmen die Werke des Fleisches die Oberhand über Dein Leben. Als Saul einem Ersatz suchte, um seine Freude zu erhalten, suchte er nach einem Heilmittel. Obwohl Musik seine Probleme nicht löste, beruhigte sie jedoch seine Gefühle - die Angst. Er war frustriert, als er feststellte, dass derselbe, den er hasste, derjenige war, der ihn vor sich selbst retteten sollte.

Lustig, wie wir versuchen, Gott zu unserem Problem zu machen, nur um festzustellen, dass Er die Lösung ist. Der beste Harfenspieler im Land war derjenige, der mehr Siege errang und zum König ernannt wurde, David. Wenn wir versuchen, Lösungen zu finden, um die Leere zu füllen, die durch den Verlust der Gegenwart Gottes in unserem Leben entstanden ist, lernen wir, dass es keinen Ersatz gibt. Natürliche und narkotische Hochs sind flüchtig und am Ende, wenn die Musik aufhört und das Hoch verblasst, sind die gleichen Ängste immer noch da.

Als David ankam, um für König Saul zu spielen, konnte man seinen sympathischen Geist und die Gegenwart des HERRN überall an ihm sehen; sogar Sauls Kinder konnten es sehen. Es ist erstaunlich, wie jeder einen Hunger hat, im Licht zu sein, auch wenn er nicht nach dem Licht lebt. Man hört nie davon, dass jemand nach einer selbstsüchtigen, egozentrischen, unfreundlichen, unfreundlichen und lieblosen Person sucht; sondern das genaue Gegenteil! Sauls Sohn, Jonathan, trifft David und die beiden werden gute Freunde.

Der HERR blieb Saul nahe genug, damit er seinen Blick auf den HERRN richten und wissen konnte, dass Gott sich bewegt; Gott bewegt sich nur nicht mehr mit ihm. Gott hatte seine Salbung auf David übertragen und wie in den Psalmen, brachte Er alle dazu, ihn zu lieben, einschließlich des Sohnes von Saul. Wenn der HERR Dir etwas zeigen möchte, gibt es keine Grenzen für das, was Er tun wird, um Dich an Ihn zu erinnern. Egal, was wir tun, um zu versuchen, Gott zu entfliehen, es gibt nichts Geschaffenes, das das Loch füllen kann, das Gott hinterlässt, wenn er aus Deinem Leben austritt, außer mehr von Ihm.

Der Geist der Furcht

Samuel 17,8-10

8. Und er stellte sich hin und rief den Schlachtreihen Israels zu: Was seid ihr ausgezogen,

euch zum Kampf zu rüsten? Bin ich nicht ein Philister und ihr Sauls Knechte? Erwählt einen unter euch, der zu mir herabkomme.

9. Vermag er gegen mich zu kämpfen und erschlägt er mich, so wollen wir eure Knechte sein; vermag ich aber über ihn zu siegen und erschlage ich ihn, so sollt ihr unsere Knechte sein und uns dienen.

10. Und der Philister sprach: Ich habe heute den Schlachtreihen Israels Hohn gesprochen. Gebt mir einen Mann und lasst uns miteinander kämpfen.

Eine weitere Verschiebung, die in unserem Leben stattfindet, ist wenn die Gegenwart Gottes weggeht, sind wir nicht mehr zuversichtlich, und die Angst nimmt ihren rechtmäßigen Platz ein und ersetzt unser Vertrauen in Gott durch Furcht. Ist Dir schon einmal aufgefallen, dass Menschen, die ängstlich sind, alles aufgeben, um sicher zu sein?

Auch wenn die Sicherheit eine falsche Sicherheit ist, denn nichts, was der Mensch geschaffen hat, hält ewig. Wenn Du alles für die Sicherheit abgibst, wirst Du feststellen, dass Du alles verlierst. Kein Mensch kann Dir jemals Sicherheit versprechen, denn wir sind weder allgegenwärtig noch souverän.

Nur der HERR ist souverän über die ganze Erde und kann Dich retten, schützen und bewahren, egal unter welchen Umständen. Es gibt einen großen Raum in unser aller Leben, der nur mit Gottes Gegenwart, auch bekannt als Sein Geist, gefüllt werden kann. Wenn dieser Platz leer ist, siedeln sich der Teufel und die Dämonen an, und allein kannst Du sie nicht austreiben. Die Hilfe des HERRN hält die Dämonen fern, widersteht dem Teufel und er wird fliehen. (Jakobus 4:7) Nun, wenn Du Dich Gott nicht unterworfen hast, mit welcher Autorität kannst Du die Dämonen in Flucht schlagen?

Als die zwölf Jünger arbeiteten und ihren Dienst verrichteten, begegnete ihnen ein fremder Geist, ein Dämon, der ihnen sagte: „Paulus und Jesus kenne ich, aber wer bist du?" (Apg. 19:15) Verstehe, dass Dein Geist Zeugnis darüber ablegt, wer und was Du bist. Wenn Du den Geist des HERRN hast, werden Deine Taten Frucht tragen, um Deine Ansprüche zu bestätigen. (Matthäus 7:16) Sauls Angst wurde in diesem Abschnitt entlarvt und ein weiterer gültiger Punkt wird ebenfalls offenbart. Saul hatte kein Vertrauen mehr in den HERRN, dass Er seine Feinde an ihn ausliefern und ihm den Sieg gewähren würde.

Saul war verängstigt, ängstlich und das zu Recht, dass er sterben würde, wenn er gegen jemanden kämpfte. Also musste er die Reise, die er begonnen hatte, fortsetzen und sich auf Menschen verlassen, die versuchten, ihn zu retten. Saul muss viele schlaflose Nächte gehabt haben und das ist offensichtlich, denn die meiste Zeit war er besorgt, ob David angreifen und den Thron mit Gewalt einnehmen würde. Bei den Liedern, die das Volk sang, war er sich nicht einmal sicher, ob sich das Königreich im Falle eines Angriffs auf seine oder Davids Seite stellen würde. Also musste er mit einem offenen Auge schlafen.

Wenn das Vertrauen in Gott schwindet

1 Samuel 17:33

33. Saul aber sprach zu David: Du kannst nicht hingehen zu diesem Philister, mit ihm zu kämpfen; denn du bist ein Knabe, dieser aber ist ein Kriegsmann von Jugend auf.

In diesem Abschnitt verlor Saul allen Glauben an Gott und vertraute nur noch auf die Macht der Menschen. Er glaubte, der Philister würde David verschlingen, weil er sich auf den Leib konzentrierte und darauf schaute, anstatt auf das Geistige zu schauen. In den geistlichen Bereich konnte er nicht blicken, weil die Gegenwart und der Geist des HERRN ihn verlassen hatten. Ohne den Geist Gottes können wir die Welt nicht so sehen, wie sie wirklich ist, sondern so, wie sie mit bloßem Auge aussieht.

Das ist ein Leben ohne Glauben, so dass man nur nach dem Augenschein gehen kann. Als David davon sprach, gegen Goliath zu kämpfen, dachte Saul, er hätte den Verstand verloren. Die Bibel sagt: „Gott gebraucht die Törichten, um die zu beschämen, die sich für weise halten." (1. Korinther 1:27) Also ja, Gott ist in der Lage, ein williges Gefäß zu benutzen, das nicht aufrecht steht und nichts hat außer einem Stein, einer Steinschleuder und dem Glauben. Der Glaube an Gott macht Dich mächtig und fähig, jede Festung niederzureißen.

Saul vergaß die Schlachten, die er gewann, die nicht aufgrund von Strategie und Ideen von ihm gewonnen wurden, sondern aufgrund der Gegenwart Gottes. Es ist sehr leicht, seine Gesundheit für selbstverständlich zu halten, Menschen für selbstverständlich und sogar Gott für selbstverständlich. Wenn der Körper in Ordnung ist und funktioniert, wie er sollte, denken viele von uns kaum über die Nahrung nach, die wir zu uns nehmen. Ob wir regelmäßig Sport treiben oder genug Schlaf bekommen. In dem Moment, in dem der Körper anfängt, zusammenzubrechen und Krankheit uns beschleicht, suchen wir nach Heilung und vielleicht nach Veränderung.

Wenn wir nicht vorsichtig sind, verkennen wir Gottes Anwesenheit und sind so zufrieden mit dem Wissen, dass Er da ist, dass wir vergessen, Seine Anwesenheit anzuerkennen. Gott, der Herr, ist heilig und wir müssen Ihn wie einen heiligen König anerkennen und nicht einmal im Entferntesten wie Menschen. Wenn wir den HERRN so behandeln, wie wir unseren Körper behandeln, oder wie wir Menschen behandeln, können wir Ihn für selbstverständlich halten und nicht merken, wenn Er unser Leben verlassen hat.

Unbeantwortete Gebete

1 Samuel 28:6

Und er befragte den HERRN; aber der HERR antwortete ihm nicht, weder durch Träume noch durch das Los noch durch Propheten

Sauls Leiden nahm infolge seines Ungehorsams gegenüber dem Herrn immer weiter zu. Wenn Sie diese Schriftstelle genau analysieren, zeigt sie, wie sein Gebet unbeantwortet blieb. Ein weiteres Zeichen für die verlassene Gegenwart

Gottes ist, wenn Ihre Gebete nicht mehr erhört und nicht mehr beantwortet werden.

Suche nach Medien, um Gott zu ersetzen.

1 Samuel 28:7-18

7. Da sprach Saul zu seinen Knechten: Sucht mir eine Frau, die Tote beschwören kann, dass ich zu ihr gehe und sie befrage. Seine Männer sprachen zu ihm: Siehe, in Endor ist eine Frau, die kann Tote beschwören.

8. Und Saul machte sich unkenntlich und zog andere Kleider an und ging hin und zwei Männer mit ihm, und sie kamen bei Nacht zu der Frau. Und Saul sprach: Wahrsage mir doch durch einen Totengeist, und hole mir herauf, wen ich dir nenne.

9. Die Frau sprach zu ihm: Siehe, du weißt

doch, was Saul getan hat, dass er die Totenbeschwörer und Wahrsager ausgerottet hat im Lande; warum willst du mir denn eine Falle stellen, dass ich getötet werde?

10. Saul aber schwor ihr bei dem HERRN und sprach: So wahr der HERR lebt: Es soll dich in dieser Sache keine Schuld treffen.

11. Da sprach die Frau: Wen soll ich dir denn heraufholen? Er sprach: Hol mir Samuel herauf!

12. Als nun die Frau Samuel sah, schrie sie laut und sprach zu Saul: Warum hast du mich betrogen? Du bist Saul.

13. Und der König sprach zu ihr: Fürchte dich nicht! Was siehst du? Die Frau sprach zu Saul: Ich sehe einen Gott heraufsteigen aus der Erde.

14. Er sprach: Wie sieht er aus? Sie sprach: Es kommt ein alter Mann herauf und ist bekleidet mit einem Priesterrock. Da erkannte Saul, dass es Samuel war, und neigte sich mit seinem Antlitz zur Erde und fiel nieder.

15. Samuel aber sprach zu Saul: Warum hast du meine Ruhe gestört, dass du mich heraufsteigen lässt? Saul sprach: Ich bin in großer Bedrängnis, die Philister kämpfen gegen mich, und Gott ist von mir gewichen und antwortet mir nicht mehr, weder durch Propheten noch durch Träume; darum hab ich dich rufen lassen, dass du mir kundtust, was ich tun soll.

16. Samuel sprach: Warum willst du mich befragen, da doch der HERR von dir gewichen und dein Feind geworden ist?

17. Der HERR hat getan, wie er durch mich

geredet hat, und hat das Königtum aus deiner Hand gerissen und einem andern gegeben, dem David.

18. Weil du der Stimme des HERRN nicht gehorcht und seinen grimmigen Zorn nicht an Amalek vollstreckt hast, darum hat der HERR dir dies jetzt getan.

Eine weitere Veränderung, die in unserem Leben stattfindet, wenn die Gegenwart Gottes verschwindet, ist, dass wir anfangen, andere Medien oder Mächte zu suchen. Saul begann, nach einer anderen Lösung für seine Leiden zu suchen und vernachlässigte den Herrn, der ihn zum König gemacht hatte, das sind ernste Lektionen, die man beachten muss, besonders wenn man nicht mehr von Gott hört, weil die Gegenwart Gottes verschwunden ist.

Saul dachte, seine Stärke läge in ihm selbst,

seinem Titel, seinem Königreich, den Dingen, über die der Herr ihn zum Verwalter und nicht zum Besitzer gemacht hatte. Wir sind alle nur Verwalter, weil wir es nicht mitnehmen können. Verkaufe Deine Seele nicht unter Wert; das Reich wartet auf diejenigen, die zuerst Sein Reich suchen. „Trachtet zuerst nach dem Reich Gottes und nach seiner Gerechtigkeit, so wird euch das alles zufallen." (Matthäus 6:33)

Das Schlusswort

Ich vertraue darauf, dass Du durch die Lektüre von „Der große Fehler von Saul" gesegnet wurdest. Du hast eine Reise unternommen, um strategisches Wissen zu erlangen, indem Du die Auswirkungen der Entscheidungen, die Saul traf verstanden hast. Seine Entscheidungen waren sowohl positiv als auch negativ. Ich glaube, dass Du den Wert in seinem Gehorsam siehst und aus den Fehlern, die Saul machte, gelernt hast. Vielleicht hast Du in Deinem Leben ein ähnliches Nachspiel erlebt. Dieses Buch ist nicht dazu gedacht, Dich zu verurteilen, sondern soll Dir ein Werkzeug sein.

Dieses Buch wurde geschrieben, um zu zeigen, dass das, was für den Menschen unmöglich ist, durch die Erlösung, die rettende Gnade Jesu Christi und die Kraft in Jesu Namen, dem Sohn Gottes, alles möglich gemacht werden kann. (Lukas 18:27) Auch Du kannst von vergangenen Entscheidungen und Fehlern erlöst werden; so wie König David, Paulus nach seiner Bekehrung vom Saul zum Paulus und so weiter. Kennst Du Römer 8:28?

„Wir wissen aber, dass denen, die Gott lieben, alle Dinge zum Besten dienen, denen, die nach seinem Ratschluss berufen sind."

Wie kannst Du also wieder unter die Salbung kommen? Wie kannst Du dorthin zurückkehren, wo Du vielleicht gefallen bist?

Man muss Buße tun und aufrichtig um Vergebung bitten. Lass Dich nicht dazu verleiten, Deine Salbung, Deine Gunst und den Schutz Gottes aufzugeben, um den Dingen dieser Welt oder der Anerkennung der Menschen nachzujagen.

König Saul musste lernen, worüber wir alle heute lesen können und den Fall vermeiden. Wenn wir Mist bauen, sei wie König David und sei schnell, um mit Gott ins Reine zu kommen. Das soll nicht heißen, dass es nicht einen Preis zu zahlen gibt, aber der Herr wird mit Dir sein, um mit Dir durch alles zu gehen, was auch immer kommen mag.

Die Bibel sagt, dass vollkommene Liebe die Furcht vertreibt. (1. Johannes 4:18) Erlaube der Angst nicht, Dich aus Deinem göttlichen Recht zu jagen. Gebe Deine Schönheit nicht für Asche her. Sei jedoch entschlossen, auf das

Ziel und die hohe Berufung Gottes zu drängen. Er ist dann treu, Dir zur Seite zu stehen, um sicherzustellen, dass Du das Rennen beendest und Er seine Ehre bekommt.

Ein Dekret zur Wiederherstellung und Erneuerung

Ich erlasse hiermit einen prophetischen Erlass und eine Erklärung zur Wiederherstellung und Erneuerung in jedem Bereich Deines Lebens. Möge der HERR Dich, wie von ihm befohlen, an Deinen rechtmäßigen Platz zurückbringen.

Außerdem ist jede Form einer zerbrochenen Krone in Deinem Geschäft, Deinen Beziehungen, Deiner Ehe, Deiner Karriere, Deinem Dienst, Deinen Kindern, Deiner Heilung, Deiner Befreiung, Deinen Wundern und Deinem Schicksal im Namen Jesu vollständig wiederhergestellt und erneuert.

Sei gesegnet,

Shalom!

Denk daran: „Du kannst Dich entscheiden, Dich nicht vom Leben zurückzuziehen, sondern Deine Augen für die Lektionen des Lebens zu öffnen und bereit zu sein, zu lernen."

PROFIL VON BISCHOF K.B. RANSFORD

EINFÜHRUNG

Bischof K.B. Ransford ist ein geistlicher Sohn von Bischof E.A.T. Sackey, Senior Associate von Bischof Dag Heward-Mills (Gründer von Lighthouse Chapel International). Bischof K.B., wie er im Volksmund genannt wird, ist der Gründer und der leitende Bischof der Salvation Prayer Mission World-Wide (SPMWW), die vor 20 Jahren in einem Heim in Südafrika begann.

Sein Dienst zeichnet sich durch eine starke Atmosphäre der Gegenwart Gottes aus, die in der Regel von Zeichen, Wundertaten und Wundern begleitet wird, und durch die Art und Weise, wie der Herr ihm oft die Augen über das Leben, die Umstände und Situationen der Menschen öffnet. SPMWW hat durch diese

Berufung Gottes in seinem Leben als apostolischer prophetischer Erwecker sowohl lokale als auch internationale göttliche Anerkennung erlangt.

Sein Amt hat ihm internationale Erfahrungen im intensiven Dienst in Europa und Afrika in Kreuzzügen, Konferenzen und auch in der Gemeindegründung gewährt. Der Dienst hat Zweige in Südafrika und in Ghana gegründet, mit dem Hauptsitz in Tshatshu, King William's Town, Südafrika. Im Folgenden sind Bereiche und Initiativen aufgeführt, die er gegründet hat:

I. ALLGEMEINE AUSWIRKUNGEN - DIE GROSSE KOMMISSION

Der Bischof hat Pastoren, Evangelisten und Leiter erzogen, ausgebildet und ordiniert;

trotzdem bleibt er in verschiedenen Initiativen aktiv, die den großen Auftrag Christi fördern und manifestieren. Eine solche Initiative ist die jährliche Oil of Greatness-Konferenz, die darauf abzielt, Leiter verschiedener Denominationen auszurüsten und zu vermitteln.

One Day Prayer Answered ist ein weiteres jährliches, nicht-konfessionelles Treffen, das vom Bischof geleitet wird, um Pastoren, Leiter und Seelen zu versammeln, um sich auf die Kraft des gemeinsamen Gebets einzulassen.

Im Jahr 2016 hatte Bischof das Privileg, der Vorsitzende eines Teams lokaler Pastoren zu sein, die mit der Organisation der massiven Healing Jesus Crusade (King Williams Town) beauftragt waren. Die Kampagne, deren

Präsident ist Bischof Dag Heward-Mills sah Hunderte von Seelen, die Christus zur Ehre Gottes annahmen.

II. GEMEINDEBAU

Bischof K.B. kümmert sich um die Bedürftigen, Kranken, Waisen, Witwen und Gefangenen. Zusammen mit seinem Team von Leitern erreicht er Menschen in verschiedenen komplexen Situationen zur Ehre Gottes.In verschiedenen Initiativen für Gemeinden, Gefängnisse, Schulen, Krankenhäuser, ... ist Bischof K.B. ein Leuchtturm der Hoffnung gewesen. So wurde ihm von Gott die Ehre zuteil, von der ehemaligen Bürgermeisterin, ihrer Lordschaft, Frau Zukiswa Ncitha, als Gastredner bei der Staatsansprache der Stadtverwaltung in Buffalo City 2014 eingeladen zu werden.

III. SCHULEN

Er gründete die Discovery of Gifts Ministries International (DGMI), die sich mit Gemeinden, Pastoren, Leitern, Ordinationen und Zugehörigkeiten beschäftigt. DGMI ist ein überkonfessionelles Netzwerk zur Entdeckung der Gaben und Berufungen innerhalb des Leibes Christi. Er gründete auch das Dominion Bible Institute, das eine überkonfessionelle Schule des Dienstes ist, die Endzeit-Generäle im Reich Gottes ausbildet und ausrüstet.

IV. AUTOR

Er hat verschiedene Schriften verfasst, wie z.B. Warum fallen Menschen unter die Salbung? Kindergebetsbuch, dieses Buch (Der große Fehler des Saulus) und anderes Kirchenmaterial.

V. PROPHETISCHER ÄTHER

Weitere Einflüsse auf die geistliche Entwicklung und den Dienst von Bischof K.B. Ransford kamen von The Prophetic Voice, das auf TBN in der Ostap-Provinz in Südafrika ausgestrahlt wurde. Gegenwärtig dient Bischof K.B. Ransford auf Rainbow Radio, das man entweder googeln und online hören kann oder man lädt sich die Anwendung herunter und stimmt sich auf das Programm der Kirche, den TRAD-Punkt, ein. Jeder aus der ganzen Welt kann sich montags bis freitags um 19:30-20:00 Uhr südafrikanischer Zeit auf diese Plattform einschalten.

VI. INTERNATIONALE ANERKENNUNG AUSZEICHNUNG

Da Gott so treu ist, erhielt Bischof im Januar 2020 die prestigeträchtige Auszeichnung "Global Ambassador of Human Rights and Peace" (Globaler Botschafter für Menschenrechte und Frieden) vom International Human Rights Advisory Council (IHRAC) mit Sitz in Indien. Diese Art von Auszeichnung wird an Menschen verliehen, deren Beitrag für die Menschheit lobenswert ist.

Verbinden Sie sich mit KB Ransford:

Facebook: Bischof KB Ransford
Twitter: @Bischof_ kb
LinkedIn: Bischof KB Ransford
Audio-Podcast (Castbox) bitte suchen
KB Ransford
Website: AutorKBRansford.com
Anchor: Bishop KB Ransford

KIRCHENBÜRO
Salvation Prayer Mission World Wide
The Miracle Centre
Tshatshu
King William's Town
Eastern Cape Province SOUTH AFRICA

E-Mail: Salvationprayermission@gmail.com
Telefonnummern
+ 27 73 041-5183
+27 73199-0562

Andere verfügbare Titel von KB Ransford

Um Bücher von KB Ransford zu Sonderpreisen zu bestellen, gehen Sie zu

AuthorKBRansford.com

Sie können auch andere Bücher und Titel sehen, die von KLE
Publishing veröffentlicht wurden und erfahren, wie sie Ihnen geholfen werden kann, veröffentlicht zu werden, indem Sie
KLEPublishing.com

www.ingramcontent.com/pod-product-compliance
Lightning Source LLC
LaVergne TN
LVHW041256080426
835510LV00009B/760